W0320522

Das etwas andere Diktatheft 7/8

Jupp und Pia

von Reinhard Lindenhahn

Cornelsen

Redaktion didaktylos: Florian Hampel, Nina Trčka, Berlin

Illustrationen Oleg Assadulin

Umschlaggestaltung Knut Waisznor

Layout und
technische Umsetzung Stefanie Bruttel

Cornelsen online http://www.cornelsen.de

1. Auflage Druck 4 3 2 1 Jahr 07 06 05 04

Druck Saladruck, Berlin

ISBN 3-464-69131-4

Bestellnummer 691314

Gedruckt auf Recyclingpapier, hergestellt aus 100 % Altpapier.

Inhalt

Vorwort

Dieses Heft bietet abwechslungsreiche Diktate und handlungsorientierte Übungen für den Rechtschreibunterricht an Gymnasien, Gesamtschulen und Realschulen. In lustigen und spannenden Texten werden Grundkenntnisse der Rechtschreibung wiederholt, erweitert und vertieft. Dabei behandelt jede Kopiervorlage immer mehrere Problemfelder – wie das auch in Alltagstexten der Fall ist.

Die Übungen gehen gezielt Hauptfehlerquellen der Rechtschreibung an. Dabei kommen Wörter vor, die den Schülerinnen und Schülern möglicherweise noch unbekannt sind, um mit ihnen aktiv am Wortschatz zu arbeiten. An geeigneten Stellen werden darüber hinaus Aufgaben zum gestaltenden Schreiben angeboten. Die Diktate und Übungen sind nicht als Testmaterial konzipiert, sondern können zu Übungszwecken im Unterricht oder zu Hause eingesetzt werden.

Die **Kopiervorlagen** mit Diktaten oder anderen Übungstexten finden Sie jeweils *auf den rechten Seiten* des Heftes. Sie sind zum Teil mit **Aufgaben** versehen.

Die *linken Seiten* bieten **methodische und didaktische Hinweise** zu den Kopiervorlagen:

- Erläuterungen zu den Problemfeldern der Rechtschreibung, die in den Kopiervorlagen behandelt werden,
- die Rubrik „*Service*“ mit weiterführenden methodischen Anregungen und Aufgaben, z. B. thematisch passenden Rätseln u. a. m.,
- die Rubrik „*R*“ mit Rechtschreibregeln und Übungsmaterial zu den Regeln,
- Lösungen zu den Diktaten und Übungen.

Die Einheiten des Heftes müssen nicht – wie es die zusammenhängende Handlung vielleicht nahe legt – von Anfang bis Ende durchgearbeitet werden. Die Seiten bieten genügend Möglichkeiten zur Straffung oder zur Ausweitung der Rechtschreibübungen auf andere Unterrichtsinhalte, wie z. B. Grammatik oder gestaltendes Schreiben.

Der **Index** im Anhang erläutert wesentliche Begriffe der Rechtschreibdidaktik und führt in Sonderformen des Diktats ein. Die Begriffe sind im Text entsprechend mit einem Verweispfeil ausgewiesen, z. B. ☞ Partnerdiktat.

Auf den Innenseiten des Umschlags sind einige wichtige **Rechtschreibregeln** zusammengefasst. Sie können kopiert und im Klassenzimmer aufgehängt werden.

Diese Piktogramme strukturieren die Arbeit mit dem Heft:

Kopiervorlage

Service

R
Regeln

Aufgabe

Zusatzaufgabe

Freiarbeit

Bemerkungen zu Jupp und Pia

Bevor die Schülerinnen und Schüler das erste Diktat schreiben, sollte man ihnen die folgende kurze Einführung in das Thema geben. Das wird ihre Spannung erhöhen und einer eventuellen Abneigung gegen Rechtschreibung und Diktate entgegenwirken.

Wenn einzelne Texte weggelassen oder die Sequenzen vertauscht werden, sollte man einen Gesamtüberblick vermitteln. Die Lehrkraft kann dazu den unteren Text vorlesen, bevor sie mit den Episoden im Einzelnen beginnt.

Der Text kann auch auf Folie kopiert und laut gelesen werden. Dann werden Gruppen gebildet und aus jeder kommt ein kleines Team von Schülerinnen und Schülern an die Tafel. Man diktiert die schwierigeren Wörter oder Sätze. Jene Gruppe hat gewonnen, deren Vertreter am wenigsten Fehler gemacht haben.

Am Schuljahresanfang kommen zwei Neue in die 8 b: ein auf den ersten Blick etwas naiv wirkender, schüchterner Junge namens Jupp und Pia, ein hübsches, aufgewecktes Mädchen mit Brille und immer etwas zerzaustem Haar.

Sie haben beide mit den Widrigkeiten des Schulalltags zu kämpfen und ihre Lehrer machen es ihnen nicht leicht – vor allem Jupp nicht, denn er ist im Gegensatz zu Pia alles andere als ein guter Schüler. Der Höhepunkt des Schuljahres ist eine dreitägige Klassenfahrt nach Berlin, wo einiges Unvorhergesehene geschieht. Und schließlich kommt auch noch Pias Geburtstag, zu dem sie etwas geschenkt bekommt, das Jupp rettet, sodass er doch noch versetzt wird ...

Zugegeben: Mit den Texten muss auch gearbeitet werden, denn schließlich geht es um Rechtschreibung, und die ist ganz ohne Diktate nicht denkbar. Aber erstens sind diese Diktate fast alle ein kleines bisschen anders, als man es kennt, und zweitens gibt es auch eine Menge abwechslungsreicher und lustiger Rätsel zu den einzelnen Themen, sodass es sicher niemandem langweilig wird ...

163 Wörter

Auf einigen Seiten des Arbeitsheftes gibt es Abbildungen zu den Geschichten. Sie können gesammelt und den Schülerinnen und Schülern auf Folie präsentiert werden. Nun verfassen die Lernenden kurze Texte zu den Bildern, mit denen sie die Geschichten vorbereiten.

Anregungen zum nebenstehenden Diktat

☞ Klassendiktat

Zur Korrektur wird das Diktat zeilenweise auf Folie präsentiert und von den Schülerinnen und Schülern selbst verbessert (☞ Korrektur).

Wenn daran, wie unten vorgeschlagen, noch Zeichensetzung und/oder Grammatik geübt werden sollen, wird der Text fotokopiert ausgegeben.

Schwerpunkte

In dem Diktat geht es insbesondere um Standardbereiche der Rechtschreibung, wie zum Beispiel lang gesprochene Vokale, s-Laute etc. Daneben werden verschiedene Beispiele für die Verwendung von Redezeichen gegeben.

Ein Wortsuchrätsel

Anschließend können die Schülerinnen und Schüler das folgende Wortsuchrätsel lösen. Sieben Wörter aus dem Diktattext sind darin versteckt. Als Hausaufgabe entwerfen die Lernenden selbst ein Rätsel, bevorzugt aus Wörtern, die sie falsch geschrieben haben.

f	t	e	r	w	i	d	e	r	n
s	f	o	l	h	q	g	r	l	a
ü	o	p	s	p	ö	c	b	ö	n
b	d	w	g	e	k	r	p	s	e
r	h	v	i	x	n	n	t	t	n
i	k	a	g	e	e	d	q	e	t
g	z	i	g	w	s	d	o	p	s
e	k	ä	h	p	s	o	w	c	e
n	k	n	ä	h	e	r	v	g	g
s	w	ä	b	r	o	n	d	r	t

Auflösung:
erwidern
hörte
löste
näher
tosend
sowieso
übrigens

Lösung bitte vo dem Kopieren abdecken.

Weiterführende Übungen

Der Diktattext eignet sich dazu, Haupt- und Nebensätze bestimmen zu lassen.

Die Schülerinnen und Schüler können auch die Verwendung von Kommas untersuchen – insbesondere in Verbindung mit der Konjunktion „und“. An einigen Stellen *können* Kommas stehen (im nebenstehenden Text gekennzeichnet durch [,]). In den folgenden Texten werden diese optionalen Kommas nicht mehr angezeigt.

Weiterhin könnten die Lernenden die Verwendung der Redezeichen untersuchen, die verschiedenen Möglichkeiten herausschreiben und mündlich formulieren.

Dann kann der Diktattext weitergeschrieben werden, wobei die Schülerinnen und Schüler wörtliche Rede verwenden und selbst Redezeichen setzen sollen.

Jupp Jauch, oder so

Das fängt ja gut an

„Die 8b ist eine sehr aufgeweckte, aber nette Klasse.“ Jupp hatte diese Worte der Schulleiterin noch im Ohr, als er kurz vor acht den langen Flur des Schulgebäudes entlangging. Am anderen Ende hörte er schon tosendes Gelächter[,] und als er näher kam, sah er viele neugierige Blicke auf sich gerichtet. Ihm wurde mulmig. Es war die 8b[,] und mit einem ordentlichen Kloß im Hals brachte er den Satz heraus: „Hallo, ich bin der Jupp, Jupp Jauch aus Jena.“ Diese Begrüßung löste bei der sowieso schon ausgelassenen Gruppe neue Heiterkeit aus. „Dürfen wir Three-Jay sagen?“, lachte ein kleiner Untersetzter. Das Gelächter kam jedoch zu einem jähen Ende, als eine grau gekleidete Gestalt zu der Gruppe trat, knapp grüßte und dann die Tür des Klassenraums aufschloss. Währenddessen blickte sie unentwegt um sich und räusperte sich dabei ein paarmal. „Um Gottes willen, der Schieler!“, so hörte Jupp flüstern, „das ist eine Katastrophe!“ Als er das Mädchen neben sich fragend anschaute, sagte sie leise: „Das scheint ja gut anzufangen. Ich bin übrigens auch neu in der Klasse, ich heiße Pia, Pia Schlenker, und komme aus Schwenningen.“ Unbefangen strahlte sie Jupp an. Er wurde ganz verlegen, hatte aber gar keine Zeit[,] etwas zu erwidern, denn jetzt galt es, einen Platz zu ergattern. Pia setzte sich neben eine kleine Dunkelhaarige in die letzte Reihe[,] und vor ihr war noch ein Platz frei. Bald darauf war es mäuschenstill[,] und der Lehrer begann mit dem Unterricht.

250 Wörter

Wortangabe: Three-Jay

Anregungen zum nebenstehenden Diktat

☞ Klassendiktat oder ☞ Laufdiktat

Die untere, kürzere Version des Diktattextes ist für den Fall gedacht, dass in der Unterrichtsstunde wenig Zeit für Rechtschreibung zur Verfügung steht. Sie ist auch für das Laufdiktat besser geeignet. Ebenso kann sie zur Binnendifferenzierung für schwächere Schüler verwendet werden.

Mit dem Laufdiktat kann man einen Wettbewerb verbinden: Gewonnen hat allerdings nicht, wer zuerst fertig ist, sondern die Schülerin/der Schüler mit dem besten Zeit-Fehler-Verhältnis. Pro Fehler kann man 10–15 Strafsekunden vereinbaren. Korrigiert wird erst, wenn die Letzten fertig sind (☞ Korrektur).

Schwerpunkte

Der Schwerpunkt des Diktats liegt auf Zeitangaben. Daneben kommen Zitate ohne einleitenden Begleitsatz, häufig verwendete Fremdwörter und einige weniger bekannte altertümliche Wendungen vor. Diese sprechen die Jugendlichen wegen ihres ausgefallenen Charakters erfahrungsgemäß an. Im Folgenden sind jene Wörter fett gedruckt, die auch in dem unteren, kürzeren Diktattext vorkommen:

um Viertel vor zwei, der Donnerstag, um drei viertel acht, fünf nach zwölf, am Nachmittag, **jeden zweiten Dienstag**, **mittwochs**, **am Freitag**, **morgen Nachmittag**

Original, **Stil**, **artikulieren**, komplett, Mathematik, Physik, **Grammatik**, analysieren, **reserviert**, Anthologie, Schreibutensilien, rhetorische Figuren, **Philosoph**

wohlan, **zuteil werden**, **pflegen** (mit der Bedeutung: für gewöhnlich tun), **harren + Genitiv**

Gestaltendes Schreiben

Darüber hinaus kann man den Text zu Hause oder im Unterricht als Anstoß für eine weitere Begebenheit um Herrn Schieler verwenden, die die Schülerinnen und Schüler selbst verfassen sollen – selbstverständlich mit wörtlicher Rede und mit Zeitangaben.

Es bietet sich auch an, die Lernenden einen Dialog zweier Schülerinnen oder Schüler nach dieser Deutschstunde verfassen zu lassen.

Übungen zur Zeichensetzung

Die Verwendung der Redezeichen kann erweitert und vertieft werden: Dazu baut man wörtliche Rede in einen Text ein und zeigt Fälle auf, in denen der redeeinleitende Begleitsatz in die wörtliche Rede integriert ist (s. die Regelübersicht auf dem hinteren Innenumschlag). Anschließend formuliert man gemeinsam Regeln zur Verwendung von Redezeichen. So lernen die Schülerinnen und Schüler, induktiv aus den Beispielsätzen Regeln abzuleiten und diese anzuwenden.

Deutsch!

Jupp sollte schon bald klar werden, dass sein Deutschlehrer ein Original alten Stils war. Schieler redete nicht so, wie man es gewohnt war, sondern er „pflegte höchst lautrein zu artikulieren". Und wenn jemand nicht aufpasste, so ließ er ihm „eine Sonderaufgabe zuteil werden". Schon in der ersten Woche traf es Jupps Banknachbarn, dessen neue Hefte noch nicht komplett vorlagen: „Ich harre deiner Hefte morgen Nachmittag um Viertel vor zwei vor dem Unterricht", sagte er.

Der Donnerstag wurde zum schlimmsten Tag der Woche. Es fing gleich um drei viertel acht mit einer Doppelstunde Mathematik an. Es folgten Chemie, Biologie und Physik und fünf nach zwölf kam schließlich Geschichte an die Reihe. Am Nachmittag stand noch Deutsch auf dem Plan. „Wohlan denn!", tönte Schieler, „nehmt, ich bitte euch, die Schreibutensilien zur Hand und öffnet eure Anthologie. Es gilt heute rhetorische Figuren zu analysieren."

Der Deutschunterricht verlief streng nach Plan: Jeden zweiten Dienstag stand Rechtschreibung auf dem Programm, mittwochs gab es Grammatik, der Donnerstag war für das Aufsagen und Interpretieren auswendig gelernter Gedichte reserviert und am Freitag wurde Aufsatzlehre behandelt. „Die Arbeit des Geistes, sagt der Philosoph Hegel, ist dem Menschen zumutbar!", lautete einer von Schielers Lieblingssprüchen.

194 Wörter

Deutsch!

Jupp sollte schon bald klar werden, dass sein Deutschlehrer ein Original alten Stils war. Schieler „pflegte höchst lautrein zu artikulieren". Und wenn jemand nicht aufpasste, so ließ er ihm „eine Sonderaufgabe zuteil werden". In der ersten Woche traf es Jupps Banknachbarn, dessen Hefte noch nicht komplett vorlagen: „Ich harre deiner Hefte morgen Nachmittag um Viertel vor zwei vor dem Unterricht", sagte er.

Der Deutschunterricht verlief streng nach Plan: Jeden zweiten Dienstag stand Rechtschreibung auf dem Programm, mittwochs gab es Grammatik, der Donnerstag war für das Aufsagen und Interpretieren auswendig gelernter Gedichte reserviert und am Freitag wurde Aufsatzlehre behandelt. „Die Arbeit des Geistes, sagt der Philosoph Hegel, ist dem Menschen zumutbar!", lautete einer von Schielers Lieblingssprüchen.

115 Wörter

Anregungen zum nebenstehenden Diktat

☞ Abschreibtext und ☞ Lückendiktat

Die Lücken werden beim Diktieren ausgefüllt. Dann gibt man den Text aus.

Der Einsatz verfremdeter Texte, wie hier im letzten Abschnitt, lenkt die Aufmerksamkeit auf das Wortbild. Diese „Entzifferungsübungen“ erfreuen sich bei Jugendlichen meist großer Beliebtheit.

Schwerpunkte

Das Diktat thematisiert schwierige, aber häufig vorkommende ☞ Fremdwörter, schwierige Fälle der Zusammen- und Getrenntschreibung sowie die Tageszeiten.

Lösung

eigentlich – immer wieder – spürte, dass – heute Nachmittag – konzentrieren – dass – attraktiven – autoritär – akzeptieren – zerknüllte – nächsten Morgen – zerknirscht – glatt gestrichene, halb zerfetzte – fast unleserliche – präsentierte – zerrissen – heute Morgen – ohnehin – angeekelten – ersatzweise – ins Reine – morgen – in etwa – Passage

Kellers Text handelt von einem arbeitslosen Schneidergesellen, der bei schlechtem Wetter missmutig und hungrig auf einer Landstraße wandert und nicht weiß, wie er weitermachen soll. Nach einiger Zeit ... (nach: Gottfried Keller, *Kleider machen Leute*).

Ein Kreuzworträtsel

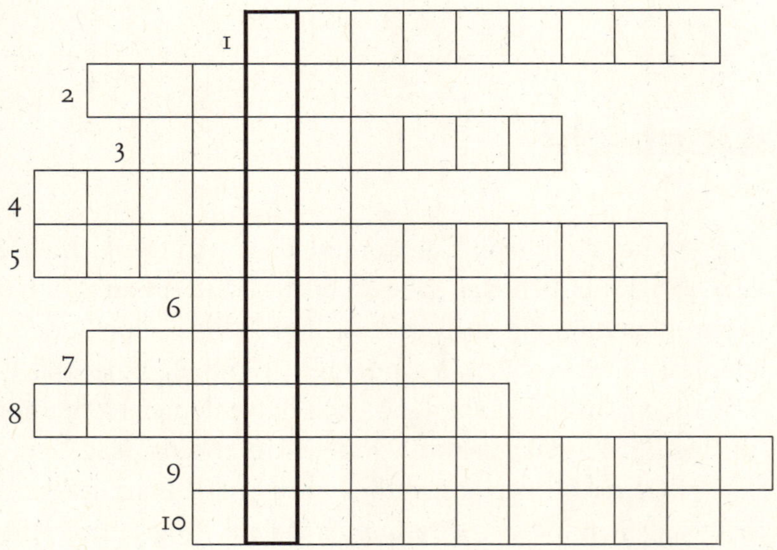

Lösung bitte vor dem Kopieren abdecken.

Auflösung:
1. Schneider
2. glatt
3. zerfetzt
4. mühsam
5. entsprechend
6. mitleidig
7. vornehm
8. Anwesende
9. akzeptieren
10. eigentlich

Lösungswort: Strapinski

waagerecht: 1. Hersteller von Kleidungsstücken, 2. eben, 3. stark zerrissen, 4. mit viel Aufwand, 5. gemäß, 6. mitfühlend, 7. von hoher Abstammung, fein, 8. alle, die da sind, 9. sich mit etwas einverstanden erklären, 10. im Grunde genommen

senkrecht: Nachname des Schneidergesellen – das ist die Lösung!

Pias Katzentrick

Pia saß bei geöffnetem Fenster an ihrem Schreibtisch und sollte ___ Hausaufgaben machen, aber ihre Gedanken schweiften ___ ? ___ ab. Sie ___, ___ sie sich ___ ? ___ nicht würde ___ können. Hinzu kam, ___ ein Vergnügungspark in der Stadt war und sie dort vielleicht den ___ Jungen sehen würde. Aber Schieler war ___ und würde keine Ausrede ___. Da kam ihr eine Idee: Sie riss aus ihrem alten Deutschheft eine beschriebene Seite heraus, ___ das Blatt zu einem Ball und rollte diesen ihren beiden Katzen zu. Dann ging sie.

Am ___ ? ___ gab sie sich in Deutsch höchst ___, als sie Schieler eine mühsam ___ ? ___, ___ ? ___ und ___ ? ___ Heftseite mit der Ausrede ___, ihre Katzen hätten ihr Heft ___ und sie habe das erst ___ ? ___ bemerkt. Schieler, der ___ keine Tiere mochte, warf einen ___ Blick auf das Papier und sagte trocken: „Nun denn, so mögen deine Katzen oder ___ ? ___ du alles noch einmal ___ ? ___ übertragen und mir ___ zeigen." Der Text sah ___ ? ___ aus wie die folgende ___:

Kellers Text handelt von einem arbeitslosen Schneidergesellen, der bei schlechtem Wetter missmutig und hungrig auf einer Landstraße wandert und nicht weiß, wie er weitermachen soll. Nach einiger Zeit ...

102 Wörter

a) Fülle während des Diktierens die Lücken im Text aus. Steht das Fragezeichen zwischen zwei Wörtern, die zusammengeschrieben werden, streiche es durch. Werden sie auseinander geschrieben, lasse es stehen.
b) Schreibe dann den letzten Absatz in der richtigen Form ab. Weißt du, über welchen Text Pia auf der zerknüllten Seite geschrieben hatte?

Anregungen zum nebenstehenden Diktat
☞ Gestaltungsvorlage

Die Schülerinnen und Schüler entwickeln aus den hervorgehobenen Wörtern ein fiktives Gespräch. So werden die Wörter im Kontext geübt.

Schwerpunkte
In dem Text geht es vorrangig um zwei Problemfälle der Zusammen- und Getrenntschreibung: um Zusammensetzungen mit „wieder“ und „zurück“.

Die folgenden Regeln können mündlich erläutert und dann aufgeschrieben werden. Die Lernenden korrigieren im Anschluss ihren Dialog mit Hilfe der Regeln.

R

Verbindungen mit „wieder“ werden zusammengeschrieben, wenn „wieder“ eher im Sinne von „zurück“ verstanden wird:
Er hat ihr das Geld wiedergegeben.

Wenn „wieder“ mit „noch einmal“ oder „erneut“ umschrieben werden kann, wird auseinander geschrieben.

Bei „wieder“ + „sehen“ kann man anhand der Betonung entscheiden. Liegt die Betonung auf „wieder“, schreibt man zusammen, liegt sie auf dem Verbteil, schreibt man getrennt:
Wir werden uns bald **wieder**sehen. – Der Blinde kann wieder **sehen**.

Verbindungen von „zurück“ und „zurecht“ mit Verb werden fast immer zusammengeschrieben. Das gilt nicht für die Verbindung mit „sein“:
Ich glaube, dass sie bald zurück sein wird.

Weitere Beispiele, aus denen die Lernenden ganze Sätze bilden können:
wiedererstatten, wiederhaben, wiederholen, wiederherstellen (z. B. die Gesundheit), wieder herstellen (z. B. ein Produkt), wieder aufnehmen, wieder tun, wieder einfallen, wiedergutmachen (z. B. einen Fehler).
Aber: „Sie hat das wieder (sehr) gut gemacht.“

Bestimmte mit „sein“ oder „werden“ verbundene Adjektive schreibt man klein:
Mir wird angst und bange. Du bist schuld daran.
Aber: jemandem Angst machen.

Weitere Anregungen
Die im Text dargestellte Szene in der Englischstunde eignet sich gut als kurze Spielszene. Beginnen kann man mit der kleinen Pause, dem Gespräch Jupps mit seinem Banknachbarn, der alltäglichen Begrüßung durch Gislinde Mumpitz o. Ä.

Eine weitere Möglichkeit ist, die Schülerinnen und Schüler die Szene beschreiben zu lassen, wie Frau Mumpitz am Abend ihrem Mann die Karikatur zeigt. Was sagt sie ganz allgemein über Jupp?

Die Karikatur

Jupp war wieder einmal angst und bange. Er hatte zum dritten Mal seine Englisch-Hausaufgaben nicht gemacht. Am Vortag hatte er die Möglichkeit gehabt, einen erkrankten Klassenkameraden beim Austragen von Werbeprospekten zu vertreten. Und da er Pia unbedingt die zehn Euro zurückgeben wollte, die er ihr schon lange schuldete, hatte er die Vertretung gerne angenommen. Einige Schüler hatten nämlich schon gespottet, dass Pia das Geld nie wiedersehen würde.

So arbeitete er bis gegen Abend und dann hatte er einfach keinen Mumm mehr, Hausaufgaben zu machen.

Jupp war ein begnadeter Zeichner. Erst vor ein paar Tagen hatte er zum großen Vergnügen seiner Mitschüler die Englischlehrerin karikiert, die Zeichnung aber versehentlich ins Heft gelegt. Als Frau Gislinde Mumpitz, genannt Queen Mum, nun die Hausaufgaben kontrollieren kam, schaltete er nicht schnell genug. Sie öffnete das Heft. Da standen zwar keine Hausaufgaben, dafür befand sich dort die Karikatur. Natürlich konnte sie sich sofort wiedererkennen. Doch sie reagierte ganz anders, als er es erwartet hatte: „Ach, das ist ja süß, da hast du mich ja prima getroffen. Schenkst du mir diese Karikatur?“ – „Gerne“, stotterte Jupp, „ich habe aber noch eine schönere, die habe ich nur Pia ausgeliehen und sie noch nicht wieder zurückbekommen.“ – „Nicht nötig, die ist schön genug! Hach, richtig jung sehe ich darauf aus. Dass es so etwas in der achten Klasse gibt, das muss ich meinem Mann zeigen!“, rief sie begeistert und ging weiter, wobei sie völlig vergaß, Jupps Hausaufgabe einzufordern.

238 Wörter

Pia ist krank und konnte nicht in die Schule gehen. Abends ruft Jupp bei ihr an und erzählt, was passiert ist. Entwirf einen Dialog zwischen den beiden, in dem die hervorgehobenen Textpassagen vorkommen müssen. Achte darauf, dass Pia zahlreiche Zwischenfragen stellt und Kommentare gibt.

Anregungen zum nebenstehenden Diktat

☞ Lückendiktat oder ☞ Lückentext

Die Schülerinnen und Schüler bearbeiten den Lückentext in Stillarbeit. Alternativ können sie die Lücken beim Diktieren ausfüllen.

Schwerpunkte

Der Text kann als Grundlage für Übungen zu schwierigen Fällen der Groß- und Kleinschreibung sowie der Zusammen- und Getrenntschreibung dienen.

Lösung

fünf – versetzt werden – sitzen bleiben – weismachen – wahr macht – bis vor Kurzem – einzigen – irgendjemanden – das Wichtigste – noch einmal zusammengefasst – halb totgearbeitet – Richtiges

R

Die folgenden Regeln und Beispiele können mit Karteikarten, PC-Dateien oder Mindmaps festgehalten und gestaltet werden:

Verbindungen mit „irgend-“ werden grundsätzlich zusammengeschrieben.

Bei Zusammensetzungen mit „wahr“ gilt: Es wird getrennt geschrieben, wenn die Zusammensetzung durch „gänzlich“, „völlig“ o. Ä. erweiterbar ist:

wahr machen, wahr bleiben, wahr werden.

Aber: (etwas) wahrhaben (wollen), wahrnehmen, wahrsagen.

Stehen Infinitive oder Partizipien bei einem Verb, schreibt man immer getrennt:

sitzen bleiben, gefangen nehmen, verloren gehen, liegen lassen.

Für Verbindungen mit „tot-“ bzw. „tod-“ gilt: Verbindungen mit Verben suggerieren eine Entwicklung zum Sterben, zum tot-Werden, Verbindungen mit Adjektiven stellen einen verkürzten Vergleich mit dem Substantiv/Nomen „Tod“ her:

todelend, totarbeiten, ernst wie der Tod.

Schwierige Fälle: (sich) tot stellen, tot scheinen, tot geboren.

„(Jemandem etwas) weismachen“ wird zusammengeschrieben, denn „weis“ kann nicht allein stehen, ähnlich:

brachliegen, kundtun, fehlschlagen, handhaben.

Eine weitere Möglichkeit ist, die Schülerinnen und Schüler mit einem Wörterbuch Zusammensetzungen mit Farbbezeichnungen heraussuchen und kategorisieren zu lassen – insbesondere Verbindungen mit „weiß“, „blau“ und „schwarz“. Anschließend entwerfen die Schülerinnen und Schüler eigene Diktate, die sie ihrem Banknachbarn/ihrer Banknachbarin diktieren und in die sie möglichst viele Schwierigkeiten eingebaut haben. Dazu könnte man Regeln und Beispiele vorgeben, wie:

„Weiß“ mit Verb oder Partizip schreibt man in aller Regel auseinander. „Weiß“ mit Adjektiv schreibt man zusammen:

der weiß gestrichene Zaun, weiß gekleidete Menschen. **Aber:** weißhaarig.

Eine Arbeit mit Folgen

Was hat Queen Mum vor?

Es war kurz vor dem Ende des ersten Schulhalbjahrs und Jupp stand in Mathematik und Englisch fast auf ________.

Dabei sollte sein Mofa davon abhängen, ob er nach dem derzeitigen Stand der Dinge ________________ oder ________________ würde. Im Moment war die Diskussion über einen möglichen Kurztest in Englisch in vollem Gange. Queen Mum war eigentlich recht beliebt.

▢*Du willst mir doch nicht* ____________ *, dass Queen Mum uns heute einen Test vorsetzt, wenn sie morgen eine richtige Arbeit schreiben will. Das ist eine leere Lehrerdrohung, die sie nie* ______________▢ sagte Pia. ▢*Quatsch*▢ entgegnete Jupp,▢*du weißt so gut wie ich, dass sie* ________________ *jeden Tag mit einem Kurztest gedroht hat. Sie hat bisher noch keinen* ______________ *Test geschrieben, hat noch nie* ______________________ *an die Tafel geholt und gestern hat sie* __________________________ *zur Grammatik* ______________ ____.

Ich jedenfalls habe mich ____________________.▢Nun kam Pia ins Grübeln: ▢*Daran ist etwas* __________ *und bei Queen Mum weiß man nie*▢

163 Wörter

FÜNFVERSETZTWERDENSITZENBLEIBENWEISMACHENWAHRMACHTBISVORKURZEMEINZIGENIRGENDJEMANDENDASWICHTIGSTENOCHEINMALZUSAMMENGEFASSTHALBTOTGEARBEITETRICHTIGES

a) Setze bei der kursiv gedruckten wörtlichen Rede die richtigen Satz- und Redezeichen in die grauen Felder ein.
b) Schreibe dann die Wörter aus der Schlange in richtiger Groß- und Kleinschreibung in der angegebenen Reihenfolge in den Text.

Anregungen zum nebenstehenden Diktat

☞ Abschreibtext

☞ Verfremdete Texte schulen die Aufmerksamkeit auf das Wortbild. Wegen ihres ausgesprochenen Rätselcharakters sind sie bei Jugendlichen sehr beliebt. Bei den gespiegelten Texten ❶ und ❸ können schwächere Schüler sich mit einem Spiegel behelfen.

Steht wenig Zeit zur Verfügung, kann man einen Teil des Textes diktieren (☞ Klassendiktat) und den Rest abschreiben lassen. In diesem Fall kann der verfremdete Text – als Hausaufgabe – dazu dienen, den diktierten Textteil zu korrigieren.

Schwerpunkt

Der Text beschäftigt sich mit schwierigen Fällen der Groß- und Kleinschreibung.

Lösung

Der Kurztest in Englisch

Während sie Belangloses aus der Parallelklasse erzählte, zog die Mumpitz einen kleinen Stapel Blätter aus der Tasche und befahl, die Bänke auseinander zu ziehen und sich auf einen Grammatik-Kurztest einzustellen.

Pia ärgerte sich, und zwar nicht einmal so sehr über die Lehrerin als vielmehr über ihre eigene Naivität, die drohenden Vorzeichen nicht richtig erkannt zu haben. Und sie war beinahe ein bisschen sauer auf Jupp, der dieses Mal schlauer gewesen war als sie, was selten genug vorkam.

Nach der Stunde waren die meisten erbost, weil die Mumpitz sie so sehr reingelegt hatte, einige wenige meinten aber auch, dass man das Ganze habe vorhersehen können.

Das ganze aufgebrachte Debattieren fand ein abruptes Ende, als die Tür aufging, der Mathematiklehrer, Herr Pickelbauer, mit Heften unter dem Arm erschien und freudestrahlend verkündete, dass man jetzt eine unangesagte Arbeit schreiben werde. Alle Proteste und alle Hinweise auf den schon geschriebenen Englisch-Kurztest blieben fruchtlos. Aber die Stimmung von Jupp war erst recht auf dem Nullpunkt, als Pi – so nannten ihn alle, weil er sicher nicht mehr als 3,14 Haare auf dem Kopf hatte – sagte, dass notfalls eben der Englischtest nicht gezählt werde. Denn er habe seine Arbeit mit seinem bekannten Namenskürzel π ordnungsgemäß in die Liste eingetragen.

R

Pronomen können kleingeschrieben werden, auch wenn sie für ein Nomen stehen:
die meisten, die wenigsten, die anderen, die einen, alles andere, die wenigsten, einige wenige, sehr viele.

Adjektive und Partizipien, die als Substantiv gebraucht werden, schreibt man groß:
das Letzte, als Letzter, bis zum Letzten. **Ebenso**: das/die Einzige, ein Einziger.

Der Kurztest in Englisch

Beginn: ❶ ☞ Während sie Belangloses aus der Parallelklasse erzählte, zog die Mumpitz einen kleinen Stapel Blätter aus der Tasche und befahl, die Bänke auseinander zu ziehen und sich auf einen Grammatik-Kurztest einzustellen.

.makrov guneg netles saw ,eis sla raw neseweg reualhcs laM seseid red ,ppuJ fua reuas nehcssib nie ehanieb raw eis dnU .nebah uz tnnakre githcir thcin nehciezroV nednehord eid ,tätiviaN enegie erhi rebü rhem -leiv sla nirerheL eid rebü rhes os lamnie thcin rawz dnu ,hcis etregrä aiP ☜ ❷

❸ ☞ Nach der Stunde waren die meisten erbost, weil die Mumpitz sie so sehr reingelegt hatte, einige wenige meinten aber auch, dass man das Ganze habe vorhersehen können.

(77 Wörter)

.negartegnie etsiL eid ni ßämegsgnundro π lezrüksnemaN netnnakeb menies tim tiebrA enies ebah re nneD .edrew tlhäzeg thcin tsethcsilgnE red nebe sllafton ssad ,etgas – ettah fpoK med fua eraaH 41,3 sla rhem thcin rehcis re liew, ella nhi netnnan os – iP sla ,tknuplluN med fua thcer tsre raw ppuJ nov gnummitS eid rebA .solthcurf nebeilb tsetzruK -hcsilgnE nenebeirhcseg nohcs ned fua esiewniH ella dnu etsetorP ellA .edrew nebierhcs tiebrA etgasegnanu enie tztej nam ssad ,etednükrev dnelhartseduerf dnu neihcsre mrA med retnu netfeH tim ,reuablekciP rreH ,rerhelkitamehtaM red ,gnigfua rüT eid sla ,ednE setpurba nie dnaf nereittabeD ethcarbegfua eznag saD ☜ ❹

(100 Wörter, insgesamt: 177 Wörter)

Schreibe den Text möglichst fehlerfrei ab und beginne dabei jeweils an den Markierungen ❶ bis ❹.

Anregungen zum nebenstehenden Diktat

☞ Partnerdiktat

Schwerpunkte

Das Diktat übt schwierige Fälle der Zusammen- und Getrenntschreibung sowie der Groß- und Kleinschreibung. Es kommen einige Fremdwörter, vorwiegend aus dem Bereich der Mathematik, vor. Vor der Korrektur kann man die Lernenden auf die folgenden möglichen Fehlerquellen hinweisen:

R

Adjektiv und Verb werden getrennt geschrieben:
zufrieden stellen.

„Gut gehen" wird auseinander geschrieben, wenn das Adjektiv steigerbar oder erweiterbar ist:
gut gehen, besser gehen, sehr gut gehen.

Nur in wenigen Fällen werden „gut" und Verb zusammengeschrieben, z. B.:
gutschreiben, guthaben, gutheißen.

Alle Adjektive auf -ig werden vom folgenden Verb oder Partizip getrennt geschrieben:
traurig machen, fertig zu stellen, fertig gestellt, fertig bringen, nötig machen.

Die Schreibweise von Partikel und Verb ist uneinheitlich, und hier zeichnen sich Veränderungen in der Zukunft ab. Den Lernenden sind die Schreibweisen nicht durch klare Regeln vermittelbar. Daher sollten einzelne Beispiele gelernt werden:
herausreißen, fortfahren, aufstehen, ausgehen, vorkommen, aufstellen, anstellen, unterstellen, einstellen, hinuntergehen.

Wörter auf „-wärts" und „-einander" kann man immer getrennt vom folgenden Verb schreiben:
aufwärts gehen, auseinander reißen.

Zusatzaufgabe

Die Schülerinnen und Schüler können noch weitere Beispiele suchen und eine Zusammenstellung in Form einer einfachen Liste anfertigen, evtl. alphabetisch geordnet. Diese kann gelernt werden wie die Vokabeln einer Fremdsprache.

Alternativ kann diese Liste systematisch geführt werden: verschiedene Beispiele werden dabei der passenden Regel untergeordnet.

Gestaltendes Schreiben

Die in dem Diktat gewählte Perspektive (Innensicht Jupps) mit erlebter Rede bietet eine gute Möglichkeit, die Schülerinnen und Schüler etwas Ähnliches aus Pias Perspektive schreiben zu lassen: Was geht in ihr vor, warum beschließt sie, Jupp zu helfen?

Die Aufgabe kann gelenkt werden, indem man die Schülerinnen und Schüler aus vorgegebenen Wörtern und Wortgruppen mindestens fünf in ihren Text einbauen lässt. Diese Aufgabe sollte jedoch erst nach der Besprechung des Partnerdiktats gegeben werden, wenn die oben dargestellten Regeln und Beispiele eingeübt werden.

Mathearbeit

❶ Jupp saß entmutigt über den Aufgaben der Mathematikarbeit, und bis jetzt war es ihm schwer gefallen, selbst die einfacheren zu lösen. „Das kann nicht gut gehen“, dachte Jupp, als er schon das Ergebnis von Aufgabe zwei nicht fand. Was war ein arithmetisches Mittel? Der kalte Schweiß stand ihm auf der Stirn. Achtzig multipliziert mit drei Fünfteln von siebenundzwanzig ergab – zum Glück ging das Halbjahr bald zu Ende. Und dabei war er mit einem solchen Enthusiasmus gestartet! Einer der Besten in der Klasse hatte er werden wollen. Er hatte alles wiedergutmachen wollen, nachdem er seine Eltern durch seine Faulheit im letzten Jahr so enttäuscht hatte. Es war zum Verzweifeln! Jupp war den Tränen nahe.

Plötzlich schreckte er hoch. Jemand hatte ihn mit einem Lineal berührt.

124 Wörter

Diktiere diesen Textabschnitt deiner Banknachbarin/deinem Banknachbarn. Tauscht dann eure Hefte und korrigiert die Diktate gegenseitig. Notiere vor der Korrektur in Stichpunkten, worauf du besonders achten musst.

❷ Vorsichtig wandte er den Kopf. Es war Pia gewesen. Sie war mit ihrer Arbeit offenbar schon fertig, denn sie hatte alles auf ein Zettelchen geschrieben, das sie nun Jupp zukommen lassen wollte. Jupp saß so unbeweglich da wie ein frisch gemeißelter Marmorblock.

Langsam, ganz langsam, ergriff er den rettenden Zettel: Endlich hatte er ihn. Noch zehn Minuten Zeit. Er schrieb wie ein Wilder. Mit dem Gongschlag gelang es ihm sogar, die komplizierte letzte Geometrie-Aufgabe zum Satz des Thales und seinen Hypotenusen und Katheten fertig zu stellen. Er konnte gerade noch das Blatt mit seinen ersten paar Versuchen herausreißen, sodass Pi nicht dahinterkommen würde. In der nächsten Stunde wurde ihm so schlecht, dass ihn Pia, die bekanntlich in seiner Nähe wohnte, nach Hause begleiten musste. Natürlich bekam sie unterwegs einen riesengroßen Eisbecher spendiert.

132 Wörter

Diktiere diesen Textabschnitt deiner Banknachbarin/deinem Banknachbarn. Tauscht dann eure Hefte und korrigiert die Diktate gegenseitig. Notiere vor der Korrektur in Stichpunkten, worauf du besonders achten musst.

Anregungen zum nebenstehenden Diktat

☞ Arbeitsvorlage und ☞ Klassendiktat

Mit diesem Text kann man überprüfen, ob bzw. inwieweit die Schülerinnen und Schüler die bisherigen Unterrichtsinhalte verstanden haben, inwieweit sie zu deren Anwendung in der Lage sind und wo sich noch Schwachstellen zeigen.

Der Text wird diktiert (evtl. nur in Teilen) und zur Korrektur ausgegeben. Sollte wenig Zeit zur Verfügung stehen, können ggf. nur die schwierigen Fälle besprochen werden. Anschließend wird der Text als Arbeitsblatt weiterverwendet.

Schwerpunkte

Neben der Groß- und Klein-, sowie der Zusammen- und Getrenntschreibung werden besonders Zahlen behandelt. Der Text eignet sich auch, um die Schreibweise von s-Lauten nach langen und kurzen Vokalen zu wiederholen.

Lösungen

a) „Na, ihr beiden“, rief er ihnen fröhlich zu, „habt ihr auch schon früher ausgehabt?“ – [...] „Sehr lobenswert“, sagte der Lehrer nachdenklich. „Berichtet mir mal bei Gelegenheit von euren Ergebnissen!“

b) S. die Kommaregeln und die Regeln für Redezeichen auf dem hinteren Innenumschlag.

R

c) ❶ Man schreibt „fern“ vom folgenden Wort getrennt, wenn es durch „ganz“ o. Ä. erweitert werden kann. „Fernbleiben“ mit der Bedeutung „nicht teilnehmen“ ist nicht sinnvoll erweiterbar.
fern halten, fern stehen, eine fern liegende Lösung, **aber:** fernbleiben

❷ Die Grundzahlen von 0 bis 999 999 werden in Worten grundsätzlich kleingeschrieben, es sei denn, sie bezeichnen die Ziffer als solche, z. B.:
eine Sechs schreiben.

❸ Pronomen kann man kleinschreiben, auch wenn sie für ein Nomen stehen:
mancher, die wenigsten, die anderen, jemand, andere, einige wenige, sehr viele, ihr beide(n), alle, die eine.

❹ Substantivierungen werden großgeschrieben: das Einzige.

❺ „Eis essen“: Eis ist ein Nomen im Akkusativ und kann mit Begleiter und Adjektiv stehen: ein großes Eis essen.
Achtung: Nach der neuen Rechtschreibung wird nun getrennt geschrieben:
Eis laufen.

❻ Adjektive auf -ig werden getrennt vom folgenden Verb oder Partizip geschrieben:
fertig gebracht.

❼ Bei „das Ganze“ liegt eine einfache Nominalisierung vor, vgl. auch:
das Gleiche, **aber:** dasselbe („selb“ kann nicht allein stehen).

❽ „die andern“ vgl. ❸ ❾ ❿ vgl. ❷ bzw. ❸ ⓫ vgl. ❶

Das Eis schmilzt

Pia und Jupp saßen in einem kleinen Eiscafé und genossen nicht nur das Eis, sondern auch ihre Frechheit dem Unterricht einfach ❶ fernzubleiben. Schließlich ging es auf ❷ zwölf und man musste an den Aufbruch denken. Jupp rief gerade die Bedienung, da öffnete sich die Tür und ihr Biologielehrer betrat mit zwei Kolleginnen den Raum. „Na, ihr ❸ beiden▒rief er ihnen fröhlich zu▒habt ihr auch schon früher ausgehabt▒– Aber das ❹ Einzige, was Jupp herausbrachte, war sinnloses Gestammel. Pia dagegen tat möglichst unbefangen: „Hallo, Herr Stier! Wir experimentieren gerade für Bio, ob ❺ Eis essen gut ist gegen Kopfschmerzen.“ – „Sehr lobenswert▒sagte der Lehrer nachdenklich▒Berichtet mir mal bei Gelegenheit von euren Ergebnissen▒Dann wandte er sich seinen Kolleginnen zu. Jupp schaute bewundernd zu Pia hinüber und flüsterte: „Wie du das ❻ fertig gebracht hast zu erklären, warum wir hier sind, Pia! Und du hast nicht einmal gelogen. Ich hoffe, sie nehmen uns ❼ das Ganze ab. Kennst du übrigens die ❽ andern ❾ zwei?“ – „Ich glaube, die ❿ eine ist eine Referendarin, die einmal bei uns in Sport dabei war. Aber Herr Stier sieht schon die ganze Zeit so komisch zu uns herüber! Ach, was soll's, jetzt ist es sowieso zu spät, sich Gedanken zu machen. Wird schon alles ⓫ glatt gehen!“ Jupp war froh über diese positiven Worte, aber ganz wohl war ihm bei dieser Geschichte nicht.

220 Wörter

a) Setze die fehlenden Redezeichen und Satzzeichen in die leeren grauen Felder ein. Formuliere schriftlich, warum du sie so und nicht anders gesetzt hast.
b) Erläutere an drei Stellen deiner Wahl, warum im Text ein Komma steht.
c) Erläutere bei den elf mit Zahlen markierten Wörtern bzw. Wortpaaren die Schreibweisen und suche weitere Beispiele für diese Regeln.

Die Lehrer reden über Pia und Jupp. Entwirf das Gespräch und diktiere es anschließend deiner Banknachbarin/deinem Banknachbarn. Dabei sollen folgende Wörter in Groß- und Kleinschreibung vorkommen:

EINE FÜNF – MANCHE – FERNHALTEN –
DIE ANDEREN – DAS ALLERLETZTE – FERTIG GEBRACHT –
DAS GLEICHE – DAS ALLERBESTE – DIE NEUEN

Anregungen zum nebenstehenden Diktat
☞ Arbeitsvorlage und ☞ Klassendiktat

Der Text eignet sich als Klassendiktat oder als Arbeitsvorlage für Stillarbeit.

Alternativ gibt man den ersten kursiven Teil des Diktats in der unten abgedruckten Form als vorbereitende Hausaufgabe aus. Zu Beginn der Stunde wird dann der „richtige“ Text verteilt und die Schülerinnen und Schüler korrigieren die Arbeit des Banknachbarn/der Banknachbarin. Im Anschluss kann man den restlichen Text diktieren.

Schwerpunkt
Geübt wird die Verbindung von Verben mit Partikeln (z. B. herein, heraus, daneben).

R

Die Verbindung zwischen Partikeln und Verben gehört zu den häufigsten Fehlerquellen der Rechtschreibung. Leider helfen hier Regeln nur in wenigen Fällen wirklich weiter, sodass sich die Arbeit mit Wörterlisten und Wortfeldern empfiehlt:

ausgehen, danebenfallen, dranbleiben, fortfliegen, heranarbeiten, heranführen, herausbekommen, heraushalten, herbeibringen, herbeischaffen, hinuntergehen, hinunterstürzen, hinüberschauen, hinwegfegen.
Vorsicht bei: auseinander setzen, auseinander fallen, dort behalten, dort bleiben, hier lassen.

Verbindungen von „herein“, „heran“, „hinüber“ u. a. mit einem Verb werden immer zusammengeschrieben, außer mit den Verben „sein“ und „werden“.

Je nach Bedeutung unterschiedlich verhält es sich bei „dabei“, „dahin“ und „daher“ sowie bei „daneben“, besonders in Verbindung mit „gehen“:

Sie hat gelesen und er hat dabeigestanden (= in der Nähe). Sie hat gearbeitet und hat dabei stehen müssen (= Sie muss im Stehen arbeiten).

In all diesen Fällen kann es in Zukunft zu Veränderungen kommen.

.rütredrovednutskitamehtameiddnatsnnad.ejdnuheeiw
dnenhägosfeilrevednutshcstuedeid.sthcinraghahcseg
tshcänuz – ?nereissaplhowedrüwsawdnu?rawnemmokegret
-nihaddnamejbo.nelhüfegnethcsimegrhestimremmiznes
-salksadiewzeidnetartebnegromnetshcänma.neheguzeleid
-sieenienidnunehcamuzualbmhitim,nebahuztederrebüaip
,dielmhisetatmedreßua.nebahuznessegrevsegithciwsaw
-tednegri,solthcinlhüfegetmmitsebnusadreedruw,raw
esuahuzppujsla

Schreibe den Text in der richtigen Form und achte dabei besonders auf die Groß- und Kleinschreibung.

Der vergessene Zettel

Als Jupp zu Hause war, wurde er das unbestimmte Gefühl nicht los, irgendetwas Wichtiges vergessen zu haben. Außerdem tat es ihm Leid, Pia überredet zu haben, mit ihm blauzumachen und in eine Eisdiele zu gehen.

Am nächsten Morgen betraten die zwei das Klassenzimmer mit sehr gemischten Gefühlen. Ob jemand dahintergekommen war? Und was würde wohl passieren? – Zunächst geschah gar nichts. Die Deutschstunde verlief so gähnend wie eh und je. Dann stand die Mathematikstunde vor der Tür.

Kurz nach dem Gong kam Pickelbauer hereingestürmt. Er wetterte gleich los: „Das größte Faultier ist im Vergleich zu euch noch energiegeladen wie ein Kraftwerk! Nur zwei scheinen etwas getan zu haben, nämlich Pia und Jupp. Pia hat gelernt und eine Eins geschrieben, und Jupp hat alles abgeschrieben und bekommt eine Sechs.“ – „Ich? – Nein, ich habe bestimmt nicht ...“, stotterte Jupp. – „Und wie erklärst du dir dann die Tatsache, dass in deinem Heft ein Zettel von Pia mit den kompletten Lösungen lag?“, fragte Pickelbauer ironisch. Das war's! Jetzt fiel es Jupp wieder ein, was er vergessen hatte.

Pickelbauer wurde nun richtig gemein: „Im Übrigen hätte ich auch ohne diesen Zettel schnell herausgefunden, dass diese Arbeit nicht deinem Kopf entsprungen sein konnte. Denn bisher sind dir ja alle Arbeiten danebengegangen. Und du, Pia, wenn du ihm schon helfen willst, dann gebe ich dir dazu gerne die Gelegenheit: Du hilfst Jupp einfach bei den Sonderaufgaben, die er bekommt und die er vollständig und fehlerfrei abzugeben hat. Denn allein schafft Jupp sie nie. So, und jetzt wollen wir weitermachen.“

249 Wörter

a) Unterstreiche im Text Verben mit Partikeln. Partikel sind zum Beispiel:
heraus – herein – hervor – dahinter – weiter – vorüber.

b) Suche in einem Wörterbuch Beispiele für sieben weitere Verben mit Partikeln. Wähle zwischen:
auseinander – dabei – daneben – dort – fort – herbei – hier – hinüber.

c) Bilde mit einigen dieser Partikel Sätze oder ein kleines Unsinnsdiktat.

Anregungen zum nebenstehenden Diktat
☞ Lückendiktat oder ☞ Lückentext

Der Text kann als Arbeitsblatt für Stillarbeit oder als Lückendiktat verwendet werden. Nach dem Diktat kann er als Arbeitsvorlage dienen (Kommasetzung).

Schwerpunkte
Der Text übt vorwiegend die Kommasetzung sowie die Zusammen- und Getrenntschreibung. Erweiternd kann die Verbindung mit „hoch" behandelt werden.

Lösung

Zu zweit geht's besser
Tief in Gedanken versunken war Pia auf dem Weg zu Jupp, denn alleine würde er die Sonderaufgaben nie herausbekommen. Irgendwie mochte sie Jupp wirklich sehr gerne. Er war zwar sicher nicht der Hübscheste, aber man konnte gut mit ihm reden und er war auf seine Art ein hochintelligenter und geistreicher Typ, auch wenn er schon einmal sitzen geblieben war.

Währenddessen saß Jupp zerknirscht zu Hause und spielte mit der Mine seines Kugelschreibers. Dass ihm das passieren konnte! Einen Spickzettel in der Klassenarbeit zu vergessen, das war schon der Gipfel der Dummheit!

Jupp dachte an Pia. Auch sie hatte es nun durch seine Schuld getroffen, aber sie hatte ihm dennoch keine Vorwürfe gemacht. So etwas könne ja vorkommen, hatte sie gesagt, und wenn man so schlecht stehe wie Jupp, sei man eben doppelt aufgeregt.

Es klingelte und Jupp rannte los. Gehemmt öffnete er die Tür und ihre Blicke trafen sich. Sie lächelte ihn an und zog die Nase hoch, woraufhin seine bis dahin besorgte Miene einem erleichterten Grinsen wich. Und sein „Hallo" verriet nur noch einen Hauch von Verlegenheit.

R

Wenn „hoch" relativ gebraucht wird, also erweitert oder gesteigert werden kann, schreibt man getrennt. Wird es dagegen absolut gebraucht, schreibt man zusammen:
eine hoch stehende Persönlichkeit, jemanden hoch achten, etwas hochrechnen.

Wenn „hoch" als Richtungsangabe verwendet wird, schreibt man auch zusammen:
die Ärmel hochkrempeln, die Leiter hochsteigen.

Zum Teil sind auch beide Schreibweisen möglich, z. B. bei „hoch" + „begabt", „hoch" + „intelligent".

Anschließend können die Lernenden je 10 Sätze mit „hoch" + Verb, Partizip oder Adjektiv schreiben, und zwar mit Fragezeichen zwischen den Teilwörtern. Die Sätze werden weitergereicht. Der/die Nächste entscheidet, ob man die Wörter zusammen oder getrennt schreibt, und der/die Dritte korrigiert sie mit einem Wörterbuch.

Zu ______ geht's besser

Tief in Gedanken versunken war Pia auf dem Weg zu Jupp denn alleine würde er die Sonderaufgaben nie ______ . ______ mochte sie Jupp wirklich sehr gerne. Er war zwar sicher nicht der ______ aber man konnte gut mit ihm reden und er war auf seine Art ein ______ und ______ Typ auch wenn er ______ war.

______ saß Jupp zerknirscht zu Hause und spielte mit der M___ne seines Kugelschreibers. Da___ ihm da___ passieren konnte! Einen Spickzettel in der Klassenarbeit zu vergessen da___ war schon der Gipfel der Dummheit!

Jupp dachte an Pia. Auch sie hatte es nun durch seine ______ getroffen aber sie hatte ihm dennoch keine Vorwürfe gemacht. ______ könne ja ______ hatte sie gesagt und wenn man so schlecht stehe wie Jupp sei man eben doppelt aufgeregt.

Es klingelte und Jupp rannte los. Gehemmt öffnete er die Tür und ihre Blicke trafen sich. Sie lächelte ihn an und zog die Nase hoch ______ seine bis ______ besorgte M___ne einem erleichterten ___rinsen wich. Und sein „Hallo“ ______ nur noch einen Hauch von ______ .

178 Wörter

a) Setze die folgenden Wörter an der richtigen Stelle richtig geschrieben ein:

SCHON?EINMAL – WÄHREND?DESSEN – VERRIET – HÜBSCHESTE – HOCH?INTELLIGENTER – WORAUF?HIN – IRGENDWIE – ZWEIT – SITZEN?GEBLIEBEN – GEIST?REICHER – SCHULD – DAHIN – VERLEGENHEIT – SO?ETWAS – VOR?KOMMEN – HERAUSBEKOMMEN

b) Schreibe die fehlenden Buchstaben in die grauen Felder.

c) Setze die fehlenden Kommas. Verwende dabei einen Farbstift.

Anregungen zum nebenstehenden Diktat
☞ Arbeitsvorlage

Für die Ermittlung der richtigen Reihenfolge bieten sich zwei Möglichkeiten an:
a) Das Arbeitsblatt wird kopiert und dann an den gestrichelten Linien eingeschnitten, damit die Lernenden die Textstreifen abreißen und die Sätze in die richtige Reihenfolge bringen können.
b) Die Schülerinnen und Schüler notieren die richtige Zahlenreihe.
Um die richtige Reihenfolge zu finden, müssen die Lernenden den Text gut durchlesen. Um dies sicherzustellen, kann man zuvor aus dem Material (Lösung) noch ein paar Übungen machen.

Schwerpunkte
Kommasetzung, Mengen- und Zeitangaben sowie Zusammen- und Getrenntschreibung

Lösung

Ende gut ...

3) Als alle Sonderaufgaben gelöst waren, gingen Pia und Jupp zum zweiten Mal Eis essen, sodass Jupp erst gegen viertel sechs nach Hause kam.
8) Es war schon dunkel und ohne Pia wirkte alles plötzlich leer und kalt und Jupp merkte, wie ihn eine schlechte Grundstimmung packte.
6) Trotz allem würde sein Zwischenzeugnis mies werden, das Mofa war in weite Ferne gerückt und schlimmstenfalls war er, wenn es so weiterging, im Sommer wieder einmal versetzungsgefährdet.
5) Jetzt hörte er eine Tür zufallen. Sicher waren seine Eltern heimgekommen.
7) – Plötzlich fiel es ihm glühend heiß ein. Sie hatten doch in die Sprechstunde seines Mathematiklehrers gehen wollen.
4) Höchst besorgt machte sich Jupp auf eine Strafpredigt gefasst, als seine Eltern recht gut gelaunt hereinkamen.
2) Zu Jupps größtem Erstaunen berichteten sie, dass Herr Pickelbauer die Sechs am Schuljahresende eventuell nicht werten würde.
9) Allerdings müsste Jupp von nun an mehr Engagement zeigen.
1) Jetzt atmete Jupp tief durch und war ganz angefüllt von Dankbarkeit und den besten Vorsätzen.

157 Wörter

Mengen- und Zeitangaben sowie Ordnungszahlen machen erfahrungsgemäß große Schwierigkeiten. Es bietet sich an, anhand eines Rechtschreibwörterbuchs eine Tabelle anfertigen zu lassen, in der die verschiedenen Fälle festgehalten werden, z. B.:

der Erste, als Zweiter, Dritter sein,
ein achtel Liter, um drei viertel fünf, um Viertel nach fünf, es hat Viertel nach/vor eins geschlagen.

Ende gut …

1) Jetzt atmete Jupp tief durch und war ganz angefüllt von Dankbarkeit und den besten Vorsätzen.

2) Zu Jupps größtem Erstaunen berichteten sie dass Herr Pickelbauer die Sechs am Schuljahresende eventuell nicht werten würde.

3) Als alle Sonderaufgaben gelöst waren gingen Pia und Jupp zum zweiten Mal Eis essen sodass Jupp erst gegen viertel sechs nach Hause kam.

4) Höchst besorgt machte sich Jupp auf eine Strafpredigt gefasst als seine Eltern recht gut gelaunt hereinkamen.

5) Jetzt hörte er eine Tür zufallen. Sicher waren seine Eltern heimgekommen.

6) Trotz allem würde sein Zwischenzeugnis mies werden das Mofa war in weite Ferne gerückt und schlimmstenfalls war er wenn es so weiterging im Sommer wieder einmal versetzungsgefährdet.

7) – Plötzlich fiel es ihm glühend heiß ein. Sie hatten doch in die Sprechstunde seines Mathematiklehrers gehen wollen.

8) Es war schon dunkel und ohne Pia wirkte alles plötzlich leer und kalt und Jupp merkte wie ihn eine schlechte Grundstimmung packte.

9) Allerdings müsste Jupp von nun an mehr Engagement zeigen.

a) Bringe die Textabschnitte in die richtige Reihenfolge. Das Bild hilft dir.
b) In dem Text fehlen Kommas. Setze sie an den richtigen Stellen ein.

Anregungen zum nebenstehenden Diktat

☞ gelenkte Nacherzählung

Die Lehrkraft (alternativ ein Schüler/eine Schülerin) liest die untere Textvorlage zweimal langsam vor und verteilt dann die Bruchstücke des Textes (s. nebenstehende Seite). Zur Korrektur kann man den Text mittels Folie an die Wand projizieren oder die Schülertexte einsammeln.

Schwerpunkte

Der Text thematisiert Nominalisierungen von Adjektiven und Verben sowie vereinzelte Probleme bei der Zusammen- und Getrenntschreibung. Es werden auch ☞ Fremdwörter und der Gebrauch von Redezeichen geübt.

beim Einsteigen, beim Rausrennen, im Fallen, Schlimmes
teilnehmen, losgehen, sich festhalten – **Aber**: etwas (ganz) fest halten.

R

Verben mit „zurück-“ werden in der Regel zusammengeschrieben:
zurücklassen, zurückhalten, zurückgeben, zurücklehnen.

Pronomina mit „irgend-“ werden zusammengeschrieben:
irgendwo, irgendwann, irgendetwas, irgendjemand.

Ein Ausflug

Alle waren in heller Aufregung. Die 8b fuhr für drei Tage nach Berlin. Im vergangenen Schuljahr hatte sie an dem Deutschwettbewerb eines Schulbuchverlags teilgenommen und tatsächlich den Hauptpreis gewonnen. Damit sich die lange Reise auch lohnte, hatte die Schulleiterin einen dreitägigen Aufenthalt genehmigt.

Beim Einsteigen in den Bus gab es Rempeleien, weil alle möglichst weit nach hinten wollten. Pia wollte vorne sitzen, weil ihr beim Busfahren immer schlecht wurde. Jupp ergatterte rein zufällig einen Sitzplatz neben ihr, nur durch den Gang getrennt.

Als es gerade losgehen sollte, rief Schieler plötzlich: „Ich bitte sehr um Entschuldigung, Herr Busfahrer! Ich muss meine Reisedokumente im Sekretariat zurückgelassen haben! Es eile einer, sie zu holen!“ Dabei gab er Jupp mit einer Geste zu verstehen, dass er der „eine“ sei, der zurücklaufen solle. Beim Herausrennen stolperte Jupp aber über Schielers Tasche, die dieser direkt an die Treppe zur Bustür gestellt hatte. Im Fallen wollte er sich irgendwo festhalten, griff dabei versehentlich nach Schielers neuem Jackett, das über dem Begleitersitz hing, und riss dieses mit sich. Für kurze Zeit blieb er vor Schreck liegen und Pia fürchtete schon Schlimmes, da stand er völlig verdattert wieder auf.

Er hatte zum Glück nur leichte Hautabschürfungen an Händen und Knien davongetragen, aber Schielers Sakko war nicht mehr zu retten: Jupp hatte eine Tasche völlig ausgerissen und ihr ganzer Inhalt lag nun verstreut neben dem Bus. Schieler starrte fassungslos auf das Chaos, das sich ihm bot, und sagte schließlich nur: „Huch, wie lästig!"

244 Wörter

Drei Tage in Berlin

Ein Ausflug

8 b – drei Tage – im vergangenen Schuljahr – Deutschwettbewerb eines Schulbuchverlags – Aufenthalt genehmigt. – weil alle möglichst weit nach hinten – wollte vorne sitzen – Jupp ergatterte – getrennt. – Als es gerade – meine Reisedokumente im Sekretariat zurückgelassen – holen – dass er der „eine“ sei – Beim Herausrennen stolperte – Treppe zur Bustür – festhalten, griff dabei versehentlich nach – Begleitersitz – riss dieses mit sich – stand er völlig verdattert wieder auf. – zum Glück nur – aber Schielers Sakko – Inhalt lag nun verstreut – fassungslos auf das Chaos – sagte schließlich nur:

77 Wörter

Erzähle die Geschichte mit Hilfe der Textteile oben möglichst genau und vollständig nach. Versuche dich auch bei der Wortwahl an die Vorlage zu halten, die vorgelesen wurde.

Ein Ausflug

8 b – drei Tage – im vergangenen Schuljahr – Deutschwettbewerb eines Schulbuchverlags – Aufenthalt genehmigt. – weil alle möglichst weit nach hinten – wollte vorne sitzen – Jupp ergatterte – getrennt. – Als es gerade – meine Reisedokumente im Sekretariat zurückgelassen – holen – dass er der „eine“ sei – Beim Herausrennen stolperte – Treppe zur Bustür – festhalten, griff dabei versehentlich nach – Begleitersitz – riss dieses mit sich – stand er völlig verdattert wieder auf. – zum Glück nur – aber Schielers Sakko – Inhalt lag nun verstreut – fassungslos auf das Chaos – sagte schließlich nur:

77 Wörter

Erzähle die Geschichte mit Hilfe der Textteile oben möglichst genau und vollständig nach. Versuche dich auch bei der Wortwahl an die Vorlage zu halten, die vorgelesen wurde.

Anregungen zum nebenstehenden Diktat

☞ Klassendiktat oder ☞ Partnerdiktat

Schwerpunkte

In dem Diktat werden ☞ Fremdwörter (internationale Namen und Speisen), einige Wörter mit schwierigen s-Lauten sowie Problemfälle mit langen Vokalen geübt.

Ausgehend vom unten abgedruckten Wortsuchrätsel können die Lernenden weitere Nahrungsmittel suchen. Anschließend können die zahlreichen Speisen tabellarisch nach Herkunftsländern oder nach Vorspeise, Hauptgericht, Nachtisch, nach Konsistenz oder sonstiger Beschaffenheit geordnet werden.

Was gibt's zum Essen?

f	b	c	k	i	d	a	n	k	r	v	o	v	s	c
p	u	n	r	i	k	a	e	a	r	a	s	l	t	r
r	i	s	o	t	t	o	j	l	d	n	p	s	e	a
y	n	c	k	t	k	m	m	b	m	i	u	r	a	k
k	ä	o	e	s	h	ß	e	s	o	l	g	a	k	t
i	c	p	t	e	s	y	c	m	u	l	h	y	m	o
l	h	w	t	t	h	t	r	e	s	e	e	o	a	i
g	c	a	e	i	u	h	e	d	s	p	i	ß	n	f
g	f	o	n	d	u	e	m	a	e	u	t	t	g	e
a	m	k	k	f	r	n	o	i	k	d	t	g	o	l
r	i	n	d	s	r	o	u	l	a	d	e	n	i	v
m	a	r	z	i	p	a	n	l	b	i	m	f	w	h
t	e	r	a	m	i	s	k	o	p	n	t	y	i	i
o	c	r	o	i	s	s	a	n	t	g	c	q	k	p
e	n	d	i	v	i	e	n	s	a	l	a	t	y	s

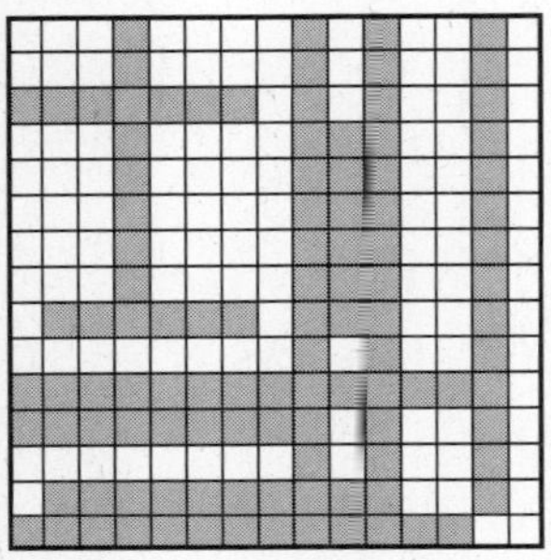

Auflösung:
Croissant
Endiviensalat
Fondue
Kalbsmedaillons
Kiwi
Kroketten
Mango
Marzipan
Mousse
Rindsrouladen
Risotto
Steak
Vanillepudding

Lösung bitte vor dem Kopieren abdecken.

Guten Appetit!: In dem Suchrätsel sind dreizehn Begriffe für feine Speisen versteckt: Suche und markiere sie.

Man arrangiert sich

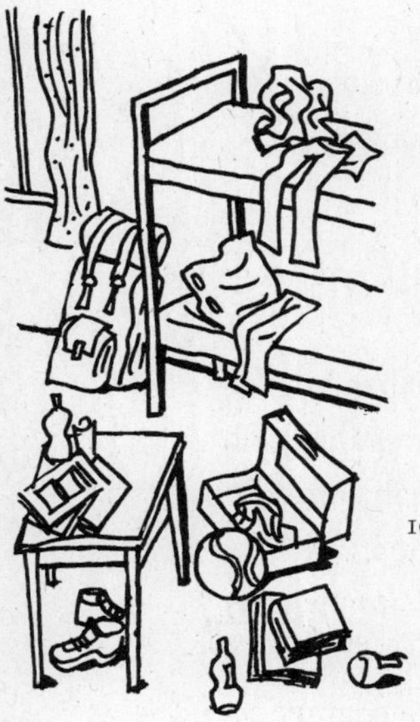

❶ Endlich waren Schielers Unterlagen da und die Reise konnte losgehen. Schon nach fünf Minuten aber gab es die ersten Misstöne, weil jeder seine Musikkassette einlegen wollte, die er für die beste überhaupt hielt. Schließlich wurde es dem Busfahrer zu dumm und er entschied sich für die Original Gämsenjodler vom Grölertal. Nun kam Stimmung auf und alle freuten sich, als sie endlich am Ziel waren.

Die Zimmer wurden gleich in den ersten Minuten in ein heilloses Chaos verschiedenster Objekte verwandelt. Gino räumte gleich seine ganze Tasche aus, weil sein Walkman ganz unten unter den Socken lag, und setzte sich erleichtert auf Marcels Schokoriegel. Niemand konnte mehr gehen, ohne irgendetwas durcheinander zu bringen oder kaputtzutreten.

113 Wörter

Diktiere diesen Textabschnitt deiner Banknachbarin/deinem Banknachbarn. Achte dabei auf eine klare Aussprache und die richtige Diktiergeschwindigkeit. Tauscht dann eure Hefte und korrigiert die Arbeiten, indem ihr sie genau mit der Vorlage vergleicht.

✂- -

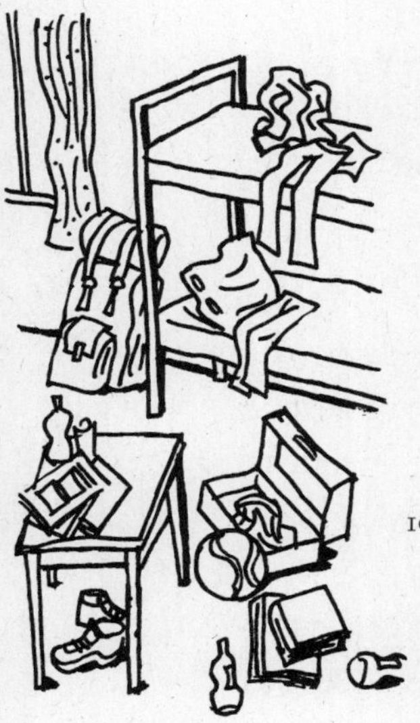

❷ Milan riss eine Tüte Kartoffelchips zu hastig auf und verteilte deren Inhalt unabsichtlich über das Bett und die Sachen von Erkan. Kevin wiederum öffnete seine Getränkedose zu schnell, sodass der durchgeschüttelte und warm gewordene Inhalt herausschoss und sich als Ziel Klaus' neues Hemd aussuchte.

Vor dem Aufräumen waren aber Tischtennis, Billard und andere Standardspiele angesagt und so verschob man die Zimmerarbeit auf ungewisse Zeit später.

In den Mädchenzimmern sah es übrigens ganz ähnlich aus. Dann folgte das Abendessen mit Spaghetti und Ragout oder, für Vegetarier wie Pia, Makkaroni mit Käsesoße. Zum Nachtisch gab es zur Freude aller Tiramisu und die Stimmung war so gut, dass erst spät in der Nacht Ruhe einkehrte.

112 Wörter

Diktiere diesen Textabschnitt deiner Banknachbarin/deinem Banknachbarn. Achte dabei auf eine klare Aussprache und die richtige Diktiergeschwindigkeit. Tauscht dann eure Hefte und korrigiert die Arbeiten, indem ihr sie genau mit der Vorlage vergleicht.

Anregungen zum nebenstehenden Diktat

☞ Abschreibtext und ☞ Arbeitsvorlage

Schwerpunkte

In dem Text geht es um Ortsangaben, insbesondere um Straßennamen, um einfachere ☞ Fremdwörter und um Einzelfälle der Zusammen- und Getrenntschreibung.

Lösung

Liebe Annika,
hier in Berlin ist es absolut super! Das Wetter ist fantastisch und wir haben ein volles Programm: Zuerst besichtigten wir den Reichstag, dann durften wir wählen, ob wir ins Naturkundemuseum wollten, in die Nationalgalerie oder ins Prähistorische Museum. Die meisten wollten Ersteres. Ihnen erklärte Schieler, dass sie in der U-Bahn-Haltestelle Friedrichstraße einsteigen und bis zur Haltestelle Zinnowitzer Straße fahren sollten. Leider hat er ihnen nicht gesagt, welche Linie sie nehmen müssen. Sie stiegen in eine falsche Bahn ein, was sie aber erst beim Potsdamer Platz bemerkten. Als sie den Netzplan studierten, stellten sie fest, dass sie zum Botanischen Garten kamen, wenn sie einfach sitzen blieben, und weil das Wetter so schön war, fuhren sie eben dorthin und dachten, das sei ja schließlich auch Naturkunde. Wir haben uns über ihre Irrfahrt halb totgelacht. Ich interessierte mich für Urgeschichte. Mich faszinieren die Saurier. Beim Betrachten des riesigen Archäopteryx ging Jupp ein paar Schritte rückwärts und stolperte über den Fuß eines Tyrannosaurus. Es war irre komisch. Leider machte das Aufsichtspersonal ein bisschen Stress.

Am späten Nachmittag fuhren wir zum Kurfürstendamm, um ein paar Kaufhäuser abzuklappern. Leider habe ich viel zu wenig Geld dabei für all die todschicken Sachen. Vielleicht leiht mir ja der Jupp etwas, er ist sehr nett!!!
Pia

R

Für die Schreibweise von Straßennamen gilt: (s. auch vorderer Innenumschlag): Man schreibt getrennt, wenn eine Ableitung auf -er von einem Ortsnamen vorliegt (z. B. Potsdam ⇔ Potsdam**er** Platz). Man schreibt zusammen, wenn das -er untrennbar zum Ortsnamen gehört (z. B. Werder ⇔ **Werder**straße). Straßennamen, die sich aus mehrteiligen Namen zusammensetzen, schreibt man mit Bindestrichen (z. B. Martin-Luther-Straße). Ansonsten schreibt man das erste Wort eines Straßennamens ebenso wie alle zum Namen gehörenden Adjektive und Zahlwörter groß (z. B. **A**n den **Z**wei **H**ügeln).

Martin-Luther-Straße, Grunerstraße, Potsdamer Platz, Mecklenburgische Straße, Werderstraße, Wiener Straße, Stülerstraße, Spandauer Straße, Savignyplatz

Zusammensetzungen mit „dort“:

dort behalten, dort bleiben, dort drüben, von dort aus.
Aber: dorthinaus, dorthinab, da- und dorthin.

Pia schreibt ihrer Brieffreundin

Liebe Annika,

hier in Berlin ist es __________ super! Das Wetter ist __________ und wir haben ein volles Programm: Zuerst besichtigten wir den Reichstag, dann durften wir wählen, ob wir ins NATURKUNDE?MUSEUM wollten, in die NATIONAL?GALERIE oder ins PRÄHISTORISCHE?MUSEUM. **Die meisten** wollten **Ersteres.** Ihnen erklärte Schieler, dass sie in der U-Bahn-Haltestelle FRIEDRICH?STRA□E einsteigen und bis zur Haltestelle ZINNOWITZER?STRA□E fahren sollten. Leider hat er ihnen nicht gesagt, welche Linie sie nehmen müssen. Sie stiegen in eine falsche Bahn ein, was sie aber erst beim POTSDAMER?PLATZ bemerkten. Als sie den Netzplan studierten, stellten sie fest, dass sie zum BOTANISCHEN?GARTEN kamen, wenn sie einfach **sitzen blieben,** und weil das Wetter so schön war, fuhren sie eben **dorthin** und dachten, das sei ja schließlich auch Naturkunde. Wir haben uns über ihre Irrfahrt **halb totgelacht**. Ich __________ mich für UR?GESCHICHTE. Mich __________ die Saurier. **Beim Betrachten** des riesigen Archäopteryx ging Jupp ein paar Schritte rückwärts und stolperte über den Fuß eines Tyrannosaurus. Es war irre komisch. Leider machte das Aufsichtspersonal **ein bisschen** Stress.

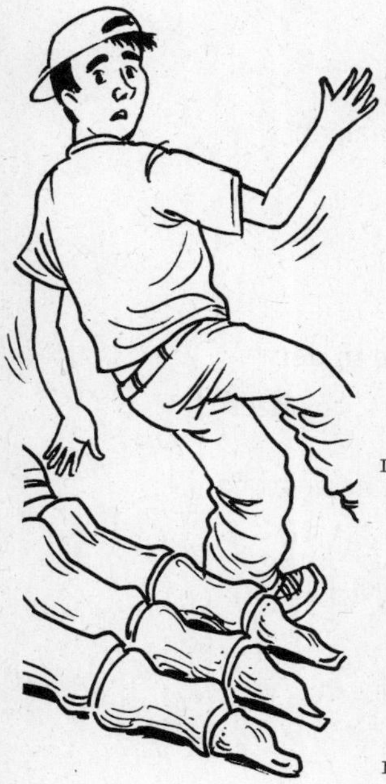

Am späten Nachmittag fuhren wir zum KURFÜRSTEN?DAMM, um ein paar Kaufhäuser abzuklappern. Leider habe ich **viel zu wenig** Geld dabei für all die **todschicken** Sachen. Vielleicht leiht mir ja der Jupp etwas, er ist sehr nett!!!

Pia

208 Wörter

a) Fülle die Lücken aus. Setze dabei die folgenden Wörter richtig ein: interessierte, fantastisch, faszinieren, absolut.
b) Schreibe den Text ab. Schreibe dabei die Wörter in Großbuchstaben in der richtigen Form. Überlege bei den Fragezeichen, ob die Wörter zusammen- oder getrennt geschrieben werden. Ersetze beim Abschreiben die beiden grauen Felder durch den passenden Buchstaben.
c) Schreibe mit den fettgedruckten Wörtern und Wortgruppen je einen Satz.

Anregungen zum nebenstehenden Diktat

☞ Partnerdiktat

Schwerpunkte

In dem Diktat geht es um:

Tageszeiten: heute Vormittag, kurz nach fünf, nachmittags, gestern Abend

Eigennamen: der Große Panda

Straßen- und Ortsnamen: Rosa-Luxemburg-Platz, Alexanderplatz

Schwierige Fälle der Großschreibung: das ist Spitze, in Bezug auf, die Einzigen

Einfache Fremdwörter:

Känguru, Pizzeria, Portion, Insekten, Reptilien, Aquarium, Volieren, Leguan

Hinzu kommen Namen von Gerichten aus verschiedenen Ländern:

Stracciatella-Eis, Champignon-Sauce/-Soße

Herkunftsbezeichnungen:

deutscher Zoo, Schweizer Wurstsalat, italienische Nudeln

Bei diesen Beispielen empfiehlt es sich, mit Ersatzproben zu arbeiten, um herauszufinden, welche Herkunftsbezeichnung groß- und welche kleingeschrieben wird. Man schreibt groß, wenn sich die Endung -er bei der Deklination nicht ändert (sie existiert auch schon im Nominativ), z. B.:

In einem deutschen Zoo lebt ein Großer Panda. – In einem Schweizer Zoo lebt ein großer Panda.

Hierzu sollten noch weitere Übungen gemacht werden, z. B.:

eine Stuttgarter Schülerin, die Kölner Bürger, Berner Nudeln,
aber: italienische Nudeln, die amerikanischen Bürger, eine französische Schülerin

---

Ein tierisches Rätsel

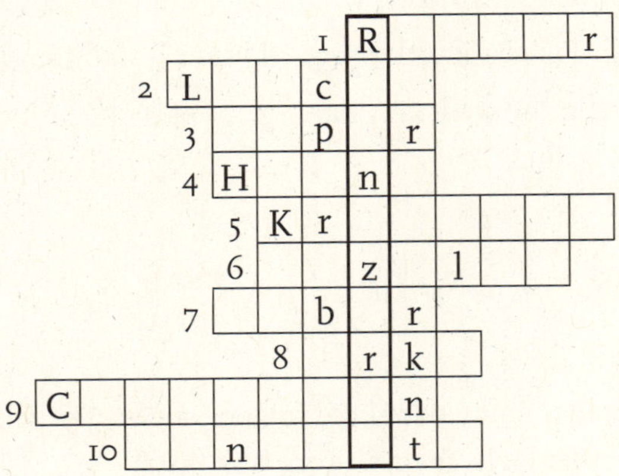

Auflösung:

waagerecht: 1. Reiher, 2. Lerche, 3. Tapir, 4. Hyäne, 5. Krokodil, 6. Gazelle, 7. Biber, 8. Orka, 9. Chamäleon, 10. Languste – **senkrecht**: Rhinozeros

Jupp schreibt seiner Oma aus Berlin

❶ Hallo, Oma!

Ich hatte dir versprochen, mal aus Berlin zu berichten. Wir wohnen in der Nähe vom Rosa-Luxemburg-Platz, das ist ziemlich zentral im ehemaligen Ostteil der Stadt und gar nicht so weit vom Alexanderplatz entfernt. Heute Morgen fuhren wir hoch auf den bekannten Fernsehturm. Das war in jeder Beziehung Spitze – leider auch in Bezug auf die Preise.

Anschließend fuhren wir in einem doppelstöckigen Bus zum Zoo. Der Zoo ist weltberühmt und einer der größten Deutschlands. Ganz besonders bekannt ist natürlich der Große Panda, den Berlin als einziger deutscher Zoo hat. Mir gefielen die Kängurus besonders gut und außerdem waren Pia und ich die Einzigen, die sich für die Insekten und die Reptilien interessierten (ich habe einen Grünen Leguan gezeichnet!), alle anderen gingen zu den Volieren und ins Aquarium.

128 Wörter

Diktiere diesen Textabschnitt deiner Banknachbarin/deinem Banknachbarn. Achte dabei auf eine klare Aussprache und die richtige Diktiergeschwindigkeit. Tauscht dann eure Hefte und korrigiert die Diktate gegenseitig.

❷ Das Abendprogramm fand wie schon gestern Abend in der Pizzeria statt. Ich habe einen Schweizer Wurstsalat gegessen – und zum Nachtisch natürlich Stracciatella-Eis. Pia wollte italienische Nudeln mit Champignon-Sauce, hat aber eine ganz kleine Portion bekommen, sodass ich ihr von meinem Eis etwas abgegeben habe.

Morgen Vormittag ist die Preisverleihung im Verlag und alle sind schon ganz nervös, denn wir müssen pünktlich dort sein. Allerdings liegt der Verlag ziemlich weit außerhalb und man muss mit dem Bus fahren. Wer weiß, wie lange wir da mit Schieler brauchen und wo wir landen ... Unser Zug fährt kurz nach fünf, sodass nachmittags noch Zeit bleibt, einen Einkaufsbummel zu machen. Leider habe ich nicht mehr viel Geld, aber vielleicht kann mir Pia etwas borgen.

Tschüss!
Dein Jupp

122 Wörter

Diktiere diesen Textabschnitt deiner Banknachbarin/deinem Banknachbarn. Achte dabei auf eine klare Aussprache und die richtige Diktiergeschwindigkeit. Tauscht dann eure Hefte und korrigiert die Diktate gegenseitig.

Anregungen zum nebenstehenden Diktat
☞ Abschreibtext

Schwerpunkte

Der Text beschäftigt sich mit Fachsprache. Zwar werden die meisten Schülerinnen und Schüler die Fachbegriffe richtig schreiben, doch sind kleine Unsicherheiten (z. B. bei Wörtern wie Gigahertz) nicht auszuschließen. Darüber hinaus geht es um die Schreibweise von Verbindungen mit „zusammen-". Die Textabschnitte sind auf verschiedene Arten verfremdet, um die Aufmerksamkeit auf das Wortbild zu lenken. Beim Text ❷ können schwächere Schüler sich mit einem Spiegel behelfen.

Lösung

Alias

PC umständehalber supergünstig zu verkaufen:
2600 Gigahertz-Prozessor, 512 MB Arbeitsspeicher, Festplatte 60 Gigabyte, schnelle 64 MB-Grafikkarte, 17-Zoll-Monitor, DSL-Modem, Betriebssystem mit diversen Programmen (u. a. Virenschutz, Präsentationsprogramm, Textverarbeitung, Internetprogramme). Interesse? Dann schreibe mir eine E-Mail (ede@alias.de) und mache ein Angebot.

Irgendwie kam Pia die Adresse wie überhaupt die ganze Sache zwar merkwürdig vor, aber sie entschloss sich dennoch dazu, eine Mail zu senden. Gleich nach der Schule ging sie deshalb in ein Internetcafé, und nachdem sie ihre Ersparnisse zusammengerechnet hatte, mailte sie ihre Adresse, Handynummer und ihr Höchstgebot und wartete dann den ganzen Tag gespannt, was passieren würde. Aber es geschah nichts.

Am nächsten Morgen jedoch war der Zettel weg und stattdessen hing da, mit Schulstempel versehen, eine Nachricht von der Polizei, dass hier einer von mehreren in der Nachbarschule gestohlenen Computern hätte verkauft werden sollen.

Jetzt wusste Pia, dass ihr Träumen weitergehen würde.

R

Verben mit „zusammen-" werden fast immer zusammengeschrieben, es sei denn, „zusammen" wird im Sinne von „gemeinsam, gleichzeitig" verwendet:

zusammen arbeiten (mit der Bedeutung von: gemeinsam arbeiten), einen Aufsatz zusammen schreiben (mit der Bedeutung von: gemeinsam schreiben).

Verben mit „zurück-" werden zusammengeschrieben:

zurückfallen, zurückbringen, zurückmüssen, zurückschrecken u. a.

Verbindungen mit dem Verb „sein" schreibt man immer getrennt.

Anschließend kann man die Schülerinnen und Schüler Fachwörter aus Bereichen, die ihnen nahe liegen, suchen lassen (z. B. Mode, Autos, Tiere o. Ä.). Als Materialgrundlage eignen sich dafür die verschiedenen Rubriken und Beilagen der Zeitungen sowie Fachzeitschriften.

Pia und der PC

Alias

Fassungslos stand Pia vor dem schwarzen Info-Brett beim Sekretariat der Schule: Sollte für sie endlich ein Traum wahr werden? Immer wieder entzifferte sie das Angebot, das dort auf einem fehlerhaft ausgedruckten, zusammengeknüllten und wieder geglätteten Zettel aushing:

❶ ☞ PC umständehalber supergünstig zu verkaufen: 2600 Gigahertz-Prozessor, 512 MB Arbeitsspeicher, Festplatte 60 Gigabyte, schnelle 64 MB-Grafikkarte, 17 Zoll-Monitor, DSL-Modem, Betriebssystem mit diversen Programmen (u.a. Virenschutz, Präsentationsprogramm, Textverarbeitung, Internetprogramme). Interesse? Dann schreibe mir eine E-Mail (ede@alias.de) und mache ein Angebot.

❷ ☞ Irgendwie kam Pia die Adresse wie überhaupt die ganze Sache zwar merkwürdig vor, aber sie entschloss sich dennoch dazu, eine Mail zu senden. Gleich nach der Schule ging sie deshalb in ein Internetcafé, und nachdem sie ihre Ersparnisse zusammengerechnet hatte, mailte sie ihre Adresse, Handynummer und ihr Höchstgebot und wartete dann den ganzen Tag gespannt, was passieren würde. Aber es geschah nichts.

.edrüw nehegretiew nemuärT rhi ssad ,aiP etssuw tzteJ .nellos nedrew
tfuakrev nretupmoC nenelhotseg eluhcsrabhcaN red ni nererhem
nov renie reih ssad ,iezilоP red nov thcirhcaN enie ,nehesrev
lepmetsluhcS tim ,ad gnih nessedttats dnu gew letteZ red raw hcodej
negroM netshcän mA ☜ ❸

182 Wörter

a) Schreibe den Text ab und lasse ihn dann von deiner Banknachbarin/deinem Banknachbarn korrigieren.
b) Ordne deine Fehler den folgenden Fehlerarten zu:
Groß- und Kleinschreibung – Kommasetzung – Zeitangaben – Fremdwörter/wenig bekannte Wörter – s-Laute – lange Vokale – kurze Vokale – Zusammen- und Getrenntschreibung
c) Schreibe dabei die Wörter richtig und unterstreiche die Stellen, die du falsch geschrieben hast.

Anregungen zum nebenstehenden Diktat

☞ gelenkte Nacherzählung

Die Lehrkraft liest die untere Textvorlage zweimal langsam vor und gibt dann die ausgewählten Wortgruppen des Textes aus (s. nebenstehende Seite). Alternativ kann man auch den auf Folie kopierten Text auf einen Tageslichtprojektor legen und das Diktat einmal oder mehrfach von Schülerinnen und Schülern lesen lassen.

Zur Korrektur sammelt man die Schülerdiktate ein oder arbeitet wieder mit dem Tageslichtprojektor.

Schwerpunkte

Mehrere Problemfelder der Rechtschreibung, wie die Zusammenschreibung von Verben und Partikeln sowie die Groß- und Kleinschreibung, werden wiederholt.

Pias Geburtstag

Pia stand am Fenster und schaute in den Garten hinaus. Pünktlich zu ihrem Geburtstag kam der Frühling. Sie hatte sich ein Rennrad gewünscht und natürlich einen PC. Aber das Fahrrad brauchte sie dringender, denn sie war eine begeisterte Radsportlerin. Für einen neuen PC würden aber ihre eigenen Ersparnisse nicht ausreichen.

Dann kam das lang ersehnte Ereignis. Pia wollte sich nicht anmerken lassen, wie aufgeregt sie war, und spielte die Gelangweilte, aber sie merkte selbst, dass dies nicht echt wirkte.

Als ihr Vater vom Büro zurückkam, trug er einen merkwürdig großen Karton ins Haus. Pia fragte sich schon mit nicht geringer Besorgnis, ob sie doch kein Fahrrad bekommen würde. Doch dann ging die Tür auf, der Vater umarmte Pia, gratulierte ihr und zog sie hinter sich her. Im Flur stand ein wunderschönes karamellfarbenes Rennrad, wie gemacht nach Pias Geschmack. Begeistert fiel sie ihren Eltern um den Hals. Aber dann rissen diese in komischem Diensteifer die Wohnzimmertür auf, verbeugten sich tief wie zwei englische Butler und luden sie mit einer großen Geste ein, das Zimmer zu betreten. Als sie hineinschaute, traute sie ihren Augen nicht: Da stand ein schöner, gebrauchter PC und auf seinem Monitor erkannte sie die Icons der wichtigsten Programme, die sie schon immer gerne gehabt hätte.

„Das ist ja Wahnsinn!“, rief sie laut. „Wo habt ihr den denn her?“ – „Da war ein Super-Angebot heute Morgen in der Zeitung“, erklärte ihr Vater. „Ich habe gleich angerufen und das Gerät reserviert. Und vorhin habe ich es abgeholt. Der Verkäufer selbst war nicht da und seine Frau wusste nicht so recht Bescheid. Eigentlich, sagte sie, habe ihr Mann den PC erst in den nächsten Tagen abgeben wollen, aber weil ich ihr von deinem Geburtstag erzählt und ihr 20 Euro extra gegeben habe, hat sie ihn mir gleich mitgegeben.“ Pia strahlte. Und wenn sie gewusst hätte, was es mit dem PC auf sich hatte, hätte sie noch ein wenig mehr gestrahlt ...

317 Wörter

Pias Geburtstag

ihrem Geburtstag kam der Frühling – Rennrad gewünscht und natürlich – ersehnte Ereignis – die Gelangweilte – merkwürdig großen Karton – kein Fahrrad – Flur – Rennrad – Zimmer zu betreten – Da stand – wichtigsten Programme – Wahnsinn! – heute Morgen in der Zeitung – Verkäufer selbst war nicht – PC erst in den nächsten Tagen abgeben – 20 Euro extra – gleich mitgegeben – was es mit dem PC auf sich hatte

57 Wörter

Pias Geburtstag

ihrem Geburtstag kam der Frühling – Rennrad gewünscht und natürlich – ersehnte Ereignis – die Gelangweilte – merkwürdig großen Karton – kein Fahrrad – Flur – Rennrad – Zimmer zu betreten – Da stand – wichtigsten Programme – Wahnsinn! – heute Morgen in der Zeitung – Verkäufer selbst war nicht – PC erst in den nächsten Tagen abgeben – 20 Euro extra – gleich mitgegeben – was es mit dem PC auf sich hatte

57 Wörter

Pias Geburtstag

ihrem Geburtstag kam der Frühling – Rennrad gewünscht und natürlich – ersehnte Ereignis – die Gelangweilte – merkwürdig großen Karton – kein Fahrrad – Flur – Rennrad – Zimmer zu betreten – Da stand – wichtigsten Programme – Wahnsinn! – heute Morgen in der Zeitung – Verkäufer selbst war nicht – PC erst in den nächsten Tagen abgeben – 20 Euro extra – gleich mitgegeben – was es mit dem PC auf sich hatte

57 Wörter

Anregungen zum nebenstehenden Diktat

☞ Klassendiktat oder ☞ Laufdiktat

Das Diktat kann durch Worträtsel zu den im Diktat vorkommenden Fremdwörtern eingeleitet werden. Für ein kürzeres Laufdiktat eignet sich der erste Textabschnitt bis Zeile 12. Der zweite Teil kann als Klassendiktat verwendet werden.

Schwerpunkte

Redezeichen sowie die Zusammen- und Getrenntschreibung werden wiederholt.

Worträtsel

Eine sehr beliebte Übung ist das **„Galgenmännchen"**: Ein Spieler/eine Spielerin erhält den Anfangs- und den Endbuchstaben eines zu erratenden Wortes von seinem Mitspieler/seiner Mitspielerin. Er/sie fragt nach, ob ein bestimmter Buchstabe vorkommt. Ist dies der Fall, wird er an den passenden Stellen eingesetzt. Kommt er in dem Wort nicht vor, erhält der/die Ratende einen „Strich", aus dem sich nach und nach (aus maximal 12 Strichen) das „Galgenmännchen" (siehe links) zusammensetzt. Ziel ist es, das Wort zu erraten, bevor das Galgenmännchen fertig ist.

Wichtig ist dabei, dass die Lehrkraft an beide Banknachbarn ungefähr gleich schwierige Wörter ausgibt. Die Länge der Wörter ist weniger entscheidend.

Galgenmännchen-Rätsel zum Diktat.

i ___ ___ ___ ___ ___ ___ ___ ___ ___ ___ n

g ___ ___ ___ ___ ___ ___ ___ ___ ___ n

C ___ ___ ___ ___ ___ ___ ___ r

e ___ ___ ___ ___ ___ ___ ___ ___ ___ ___ t

A ___ ___ ___ ___ ___ e

Auflösung: installieren, gratulieren, Container, elektrisiert, Annonce

Beispiele für weitere Rätsel

Hier sind die drei Anfangsbuchstaben und die Länge des Wortes vorgegeben.
ins +9 (*-besondere*), gra +8 (*-mmatisch*), Com +5 (*-puter*)

Beim **Kammrätsel** sind der einzige allen Wörtern gemeinsame Buchstabe und eine Beschreibung des zu suchenden Wortes vorgegeben:

1					a	k	t	u	**e**	l	l	
2	P	r	o	g	r	a	m	m	**e**			
3		i	n	s	p	i	z	i	**e**	r	e	n

Die Wörter bedeuten: 1. auf dem neuesten Stand, 2. PC-Anwendungen, 3. untersuchen

Eine Entdeckung

Pia wollte gerade in ihr Zimmer gehen und den jetzt fertig installierten PC genauer untersuchen, als die Türklingel ertönte. Vor der Tür stand ein völlig verlegener Jupp, der ihr zum Geburtstag gratulierte (als „Nachbar“, wie er sagte) und ein Taschenbuch als Geschenk überreichte.

Pia freute sich sehr und war ganz gerührt. Sofort aßen sie zusammen jeweils ein ordentliches Stück Geburtstagskuchen und dann musste natürlich der neue Computer inspiziert werden. Erstaunt sahen sie, dass noch jede Menge Programme und Dateien gespeichert waren. „Ich frage mich“, meinte Jupp, „warum der Vorbesitzer seine privaten Daten nicht gelöscht hat.“ – „Keine Ahnung!“, entgegnete Pia. „Ich vermute, das wollte er noch und seine Frau hat den PC zu früh weggegeben, weil mein Vater ihn mir unbedingt heute schenken wollte.“

In der Textverarbeitung fanden sie ein Verzeichnis mit dem Namen „Mathematik-Klassenarbeiten“. Neugierig klickten sie es an und bemerkten zu ihrer größten Verwunderung, dass sich in der Datei „Klasse 8“ ihre bisherigen Mathematiktests, aber auch noch unbekannte befanden. Sofort rannte Pia zum Altpapiercontainer. Sie fischte den Anzeigenteil der aktuellen Zeitung heraus und wie elektrisiert begannen die beiden die Annoncen zu lesen. „Hier, ich hab's!“, rief Jupp plötzlich und zeigte mit dem Finger auf ein Angebot. Dann wählten sie die darunter stehende Telefonnummer. Es meldete sich eine Frau Pickelbauer. Sofort legte Pia mit einem: „Entschuldigung, ich habe falsch gewählt“ wieder auf und strahlte Jupp an: „Er ist's! Der PC ist von Pi. Weißt du, was das heißt?“ Jupp wusste es.

241 Wörter

Weißt du es auch? Schreibe die Geschichte weiter.

____

____

____

____

____

____

____

____

Anregungen zum nebenstehenden Diktat

☞ Partnerdiktat

Schwerpunkte

Die bisher behandelten Problemfelder der Rechtschreibung werden wiederholt.

Mit dem folgenden Rätsel kann man die Vorsilben **ent-** und **end-** sowie die Nachsilbe **-nis** üben. Die Schülerinnen und Schüler sollen zunächst die einzelnen Wörter herausschreiben und sie dann in einer Tabelle ordnen (nach Wortarten oder nach Vor- und Nachsilben). Im Anschluss ergänzen sie eigene Beispiele.

endgültigbewandtnisergebnisentschuldigen

entlaufenendlichentscheidenentlegenentgelt

versäumniswildnisverhältnisentgegengefängnis

zeugnisendlagernzerwürfnisentledigenenden

Gestaltendes Schreiben

Anschließend sucht sich jede Schülerin/jeder Schüler aus der Tabelle des Banknachbarn/der Banknachbarin fünf Wörter aus und schreibt mit diesen einen Text zu Jupp und Pia mit der Überschrift: Der letzte Schultag.

Hinweise zum Schülertext auf Seite 44

☞ Arbeitsvorlage

Die 1. Aufgabe fördert das Bewusstmachen der gelernten Regeln und den Umgang mit Korrekturstrategien. Der Text ist fehlerfrei: Je mehr Fehler die Lernenden finden, desto wichtiger ist weiteres Nacharbeiten. Ein Bewertungsschema zur Selbsteinschätzung könnte aussehen wie das nebenstehende (Kommafehler zählen halb). Die Übung sollte nicht benotet werden.

Fehlerzahl	Note
0	1
1	1-
2	1,5
3	2+
4	2
5	2-
6	2,5
7	3+
8	3
usw.	usw.
>19	6

Gestaltendes Schreiben

Alternativ kann man den Schlusssatz oder den letzten Abschnitt weglassen und ein Ende der Geschichte schreiben lassen.

Jupp büffelt

❶ Vor der folgenden Mathematikarbeit saßen Jupp und Pia viele Stunden beisammen und gingen die entsprechende Arbeit durch, die sie in dem Computer gefunden hatten. Alles andere Private von Herrn Pickelbauer hatte Pia taktvoll gelöscht, ohne es gelesen zu haben, weil sich das, wie sie fand, einfach so gehörte. Auch sie hasste es, wenn man sich in ihre Privatangelegenheiten einmischte oder sie neugierig ausfragte.

Aber bei der Datei mit den Klassenarbeiten war es etwas anderes. Hier ging es darum, dass Jupp versetzt wurde. Damit Pickelbauer ja nicht denken konnte, dass Jupp wieder abgeschrieben hatte, erklärte sie ihm alles ganz detailliert, bis Jupp auch wirklich die jeweilige Aufgabe klar war. Und weil er nicht immer ganz bei der Sache war, dauerte dies recht lange, was Pia wiederum nichts auszumachen schien.

Schließlich war es so weit. Die erste Mathematikarbeit nach Pias Geburtstag wurde geschrieben.

141 Wörter

Diktiere diesen Textabschnitt deiner Banknachbarin/deinem Banknachbarn. Achte dabei auf eine klare Aussprache und die richtige Diktiergeschwindigkeit. Tauscht dann eure Hefte und korrigiert die Diktate gegenseitig.

❷ Jupp war zwar nervös, aber nicht ganz so wie die Male zuvor. Er warf einen Blick auf das Arbeitsblatt und erstarrte: Es waren Aufgaben, die sie nie gemacht hatten. Zuerst war er völlig entsetzt, doch als er sich genauer damit befasste, merkte er, dass sie gar nicht so schwierig waren. Wieder schrieb und rechnete er wie wild und es ging ihm erstaunlich leicht von der Hand.

Ein paar Tage später, als Pi mit den Heften unter dem Arm das Klassenzimmer betrat, schaute er wiederum recht grimmig und sagte: „Schon wieder scheinen nur zwei Leute etwas gearbeitet zu haben, nämlich Pia und Jupp. Aber dieses Mal haben beide wirklich geschuftet. Ergebnis: Die Pia hat wieder eine Eins geschrieben, der Jupp eine sensationelle Zwei minus.“ Jetzt waren beide auf Wolke sieben, und zwar nicht nur wegen der Mathematikarbeit. Aber das merkte niemand.

140 Wörter

Diktiere diesen Textabschnitt deiner Banknachbarin/deinem Banknachbarn. Achte dabei auf eine klare Aussprache und die richtige Diktiergeschwindigkeit. Tauscht dann eure Hefte und korrigiert die Diktate gegenseitig.

Pia und Jupp?

„Meinst du, sie gibt mir in Englisch noch die Vier?“ Jupps Nerven lagen kurz vor dem Versetzungszeugnis blank. „Das ist doch letzten Endes nicht so wichtig“, beruhigte ihn Pia. „Du wirst auf jeden Fall versetzt! Mittlerweile bekommst du in Mathe sogar eine Drei. Und das, nachdem du noch im Halbjahr glatt auf Fünf gestanden hast und sitzen geblieben wärst.“ – „Ja, schon, aber du weißt, das Mofa bekomme ich nur, wenn ich überhaupt keine Fünf im Zeugnis habe, und …“ In diesem Moment flog die Tür auf und Schieler schritt hoheitsvoll herein, ganz in Schwarz gekleidet. „So geht denn nun ein neuerliches Schuljahr zur Neige und ich möchte aus diesem Grunde ein paar Worte der Mahnung an euch richten.“ Aus den paar Worten wurde wie schon des Öfteren eine salbungsvolle Rede. Endlich kam er zum Schlusssatz: „Es ist mir nun ein ernstes Anliegen, die Klassenbeste zu würdigen: Pia Schlenker erhält einen Preis.“

Die Klasse klatschte frenetisch Beifall. Begeistert schüttelte Jupp ihr die Hand und wollte gar nicht mehr loslassen. Dann endlich gab es die Zeugnisse. Pia schaute Jupp über die Schulter und sah recht ordentliche Noten, aber in Englisch – stand die Fünf. „Komm jetzt“, tröstete ihn Pia, „immerhin bist du problemlos versetzt worden.“ Aber sie wusste natürlich, wie viel ein Mofa ihm bedeutete.

Als die beiden aus der Schule traten, blieb Pia plötzlich stehen und sagte: „Weißt du was, ich hab ja noch mein altes olivgrünes Fahrrad. Das ist noch gar nicht so schlecht. Mit dem fährst du von jetzt an und wir machen in den Ferien ein paar schöne Radtouren zusammen, damit ich mein neues Rennrad einweihen kann!“ Sprachlos starrte Jupp sie an, bis er glühend rot wurde und strahlte: „Wozu wollte ich eigentlich je ein Mofa?“

286 Wörter

Überprüfe diesen Text. Findest du Fehler?

a) Markiere schwierige Stellen oder Stellen, an denen du unsicher bist.
b) Überprüfe mit Hilfe der gelernten Regeln, ob es sich bei den angestrichenen Stellen um Fehler handelt.

Schreibe eine Geschichte zur ersten gemeinsamen Fahrradtour von Jupp und Pia. Verwende dabei auch schwierige Wörter aus den vorherigen Diktaten.

Index

Abschreibtext

Der Text wird in schwer leserlicher oder verfremdeter Form präsentiert, sodass die Schülerinnen und Schüler sich beim Abschreiben auf jeden einzelnen Buchstaben konzentrieren müssen (s. dazu auch ☞ Spiegeltext oder verfremdeter Text).

Arbeitsvorlage

Die Aufgaben werden in Stillarbeit gelöst (allein oder mit einem Partner/einer Partnerin). Die Arbeitszeit beträgt je nach Schwierigkeitsgrad, Leistungsfähigkeit und Alter der Lernenden ca. 10–20 Minuten. Arbeitsvorlagen eignen sich z. B. als Stationen von Lernzirkeln.

Diktatumfang

Es gibt keine verbindliche Regelung, wie lang Diktate zu sein haben. Viel hängt vom Leistungsstand der Klasse, der Schreibgeschwindigkeit der Jugendlichen und dem ☞ Schwierigkeitsgrad des jeweiligen Diktats ab. Erfahrungswerte für herkömmliche Diktate liegen in Klasse 7 zwischen 180 und 220 Wörtern, in Klasse 8 zwischen 200 und 240 Wörtern. Diese Zahlen sollten auf keinen Fall absolut genommen werden, sondern bezeichnen nur eine Richtlinie für die in diesem Heft vorliegenden Diktattexte – die für andere Formen des Diktats wie ☞ Lückendiktat oder ☞ Partnerdiktat nicht mehr gilt.

Diktiergeschwindigkeit

Die Jugendlichen sollten genügend Zeit haben, das Geschriebene im Anschluss an das Diktat zu überdenken. I. d. R. orientiert man sich an den langsameren Schülerinnen und Schülern, sollte es aber vermeiden, alles so oft zu wiederholen, wie es die Jugendlichen wünschen. Es kann z. B. auf Dauer sehr nützlich sein, wenn man – bei angemessener Diktiergeschwindigkeit – keine Zwischenfragen zulässt. Zumal dann, wenn man zu Beginn und zum Schluss den Gesamttext je einmal vorliest – allerdings ohne Satzzeichen.

Fremdwörter

Fehler im Bereich der Fremdwörter sind in erster Linie nicht durch die Kenntnis von Regeln zu vermeiden, sondern durch das Lernen einzelner Wörter wie beim Fremdsprachenunterricht. Es empfiehlt sich deshalb, die Schülerinnen und Schüler Listen oder Karteikärtchen anfertigen zu lassen, in die sie, evtl. nach Herkunftssprachen geordnet, die Fremdwörter eintragen. Der PC stellt ein hervorragendes und motivierendes Arbeitsmittel dar, um solche Listen anlegen zu lassen. Begleitend kann man die Schülerinnen und Schüler Analogien (z. B. Portion, Station, Produktion) bilden und Tageszeitungen durchsuchen lassen.

Gelenkte Nacherzählung

Die gelenkte Nacherzählung ist eine ausgezeichnete Gedächtnisübung: Sie schafft einen konkreten Schreibanlass, verlangt Aufmerksamkeit sowie Reflexion des Gehörten. Mit dieser Methode kann man genau jenes Vokabular vorgeben, um dessen Übung es geht. Zur Korrektur sollte die Lehrkraft die Schülertexte einsammeln, da die verschiedenen Fassungen stärker voneinander abweichen können.

Gestaltendes Schreiben und Gestaltungsvorlage

Rechtschreibübungen können als Schreibanlässe dienen, um am Wortschatz zu arbeiten und das Verfassen eigener Texte zu üben. Die Lernenden schreiben dabei einen Text weiter oder gestalten ihn aus einer anderen Perspektive neu. Diktate können aber nicht nur als Ausgangspunkt für gestaltende Schreibaufgaben genutzt werden, sondern selbst Gegenstand dafür sein. Dazu werden zum Beispiel bestimmte Textteile markiert, die dann wörtlich in dem zu gestaltenden Text vorkommen sollen. Im Sinne des ☞ verbundenen Deutschunterrichts lassen sich auf diese Weise Übungen zur Rechtschreibung mit kreativen Inhalten verbinden.

Klassendiktat

Ein Klassendiktat ist die klassische Form des Diktats, bei der die Lehrkraft einen Text Stück für Stück vorliest und die Schülerinnen und Schüler ihn schreiben. Dabei ist es der Lehrkraft freigestellt, die Satz- und Redezeichen mitzudiktieren.

Konzentrationsübung

Zahlreiche Fehler entstehen dadurch, dass viele Jugendliche sich nicht richtig konzentrieren oder sich zu leicht ablenken lassen. Dem kann man entgegenwirken, indem man Textpassagen von der Tafel oder vom Tageslichtprojektor abschreiben und diesen abgeschriebenen Text jeweils von einem anderen Schüler/einer anderen Schülerin korrigieren lässt.
Stark konzentrationsfördernd wirkt auch der gezielte Einsatz des ☞ Laufdiktats oder verfremdeter Texte, z. B. des ☞ Spiegeltextes.

Korrektur

Für die Korrektur eines Diktattextes bieten sich verschiedene für Schülerinnen und Schüler motivierende Möglichkeiten, z. B.:

a) Man lässt sich das Heft einer Schülerin/eines Schülers geben, die bzw. der an die Tafel kommt. Die anderen tauschen die Hefte und jeder korrigiert die Arbeit des Banknachbarn/der Banknachbarin. Nun diktiert man einzelne schwierige Wörter des Diktats und weitere, die zu dem entsprechenden Wortfeld gehören. Sobald der Schüler an der Tafel einen Fehler macht, gibt er die Kreide weiter an eine beliebige Mitschülerin, setzt sich an deren Platz, korrigiert in deren Heft für sie weiter und trägt dort auch die neu hinzukommenden Wörter ein. Macht das Mädchen an der Tafel einen Fehler, gibt sie die Kreide an einen Jungen weiter, setzt sich an dessen Platz usw.

b) Man gibt den Text aus und lässt ihn von den Jugendlichen selbstständig verbessern. Diese Methode empfiehlt sich besonders dann, wenn es um Satz- und Redezeichen geht.

c) Der Text wird auf einer Folie mittels Tageslichtprojektor zeilenweise präsentiert, sodass die Jugendlichen nicht schneller lesen können, als von der Lehrkraft vorgegeben. Ein zu flüchtiges Korrigieren wird dadurch ausgeschlossen.
Für alle Formen der Korrektur ist wichtig, dass die Schülerinnen und Schüler dazu angehalten werden, nicht nur auf die schwierigen Wörter zu achten, sondern auch auf die vermeintlich selbstverständlichen (z. B. „das" – „dass" o. Ä.).

Laufdiktat

Die Durchführung eines Laufdiktats stößt noch häufig auf Skepsis. Zu hoch wird die Gefahr der Unordnung im Unterricht angesehen, und in der Tat müssen gewisse Vorkehrungen getroffen werden, damit die Methode sinnvoll ist (s. u.). Werden diese berücksichtigt, entfaltet das Laufdiktat wesentliche Vorzüge:
Es schult das Gedächtnis. Die Jugendlichen lernen, sich ganze Sinnabschnitte oder sinnvolle Satzteile zu merken. Sie üben darüber hinaus, genau auf den Text zu achten, Details wahrzunehmen und sie sich einzuprägen.

Die Durchführung

Der Diktattext wird in vier bis sechs Kopien, je nach Klassengröße (immer ein Text für 5–6 Schülerinnen und Schüler), an verschiedenen Stellen im Klassenzimmer in Augenhöhe aufgehängt. Die Schrift sollte nicht zu groß sein (ca. 10-Punkt-Schrift), damit die Jugendlichen genau hinsehen und nahe an den Text herangehen müssen. Wichtig ist, dass sie ihn nicht von ihrem Platz aus lesen können, sondern aufstehen und zu ihm hingehen müssen. Es empfiehlt sich daher, die Texte so anzubringen, dass die Jugendlichen mit dem Rücken zu ihnen sitzen.
Es ist untersagt, zu rennen oder in irgendeiner Form laut zu sein. Und: Man darf auf keinen Fall im Stehen schreiben, sondern muss sich hinset-

zen. Beides sind unabdingbare Voraussetzungen für das Gelingen des Laufdiktats. Mit diesen Maßnahmen lässt sich erreichen, dass trotz der offenen Arbeitsform Ordnung herrscht und die Jugendlichen sich auf die Aufgabe konzentrieren und nicht nur auf die Schnelligkeit.
Die ☞ Korrektur erfolgt durch die Schülerinnen und Schüler.

Leistungskontrolle

Diktate sollten nicht zum Zweck einer „einfacheren" Notenfindung geschrieben werden. Mit Notendruck kann man das Interesse der Schülerinnen und Schüler für die Rechtschreibung nicht wecken und ihre Leistungsbereitschaft auf diesem Gebiet nicht fördern. Niemals sollte Rechtschreibunterricht zur Disziplinierung der Jugendlichen dienen. Vielmehr sollte das Thema bei ihnen als abwechslungsreich oder spannend gelten und demzufolge positiv besetzt sein.
Die vorliegenden Diktate sollten demnach auf keinen Fall zur Grundlage von benoteten Tests gemacht werden. Außerdem sollten Texte bevorzugt werden, die dem Alltag der Jugendlichen nahe sind und keine übermäßig konstruierten Schwerpunkte haben.

Lückendiktat

Diese Diktatform eignet sich dann, wenn gezielt und in kurzer Zeit einige Spezialfälle der Rechtschreibung eingeübt und vertieft werden sollen, ohne dass die Jugendlichen dabei sehr viel schreiben müssen. Das Lückendiktat soll kein Ersatz für andere Formen sein, sondern eine Ergänzung. Der Vorteil gegenüber dem bloßen Aufschreiben von Einzelwörtern liegt darin, dass die Jugendlichen die Begriffe im Kontext sehen.

Die Durchführung

Die Schülerinnen und Schüler erhalten ein Arbeitsblatt mit dem Diktat, in dem die schwierigen und zu übenden Wörter oder Buchstaben ausgespart sind. Diktieren sollte man den Text in einer Geschwindigkeit, die es den Schülerinnen und Schülern erlaubt, bequem mitzuschreiben.

Für die ☞ Korrektur wird der Text auf eine Folie kopiert, auf die eine zweite Folie mit den bereits eingesetzten (oder von einem Schüler/einer Schülerin einzusetzenden) Wörtern gelegt wird.

Partnerdiktat

Das Partnerdiktat hat seit vielen Jahren seinen festen Stellenwert im Unterricht. Seinen Nachteilen (z. B. der Ungeübtheit der Schülerinnen und Schüler im Diktieren) stehen unbestreitbare Vorteile gegenüber, wie beispielsweise die individuelle Diktiergeschwindigkeit und der Motivationsgehalt der Methode. Die Schreibform ist schülerzentriert. Die gesamte Handlung wird von den Lernenden getragen: Die eine liest, der andere schreibt, dann werden die Rollen getauscht. Dabei lernt nicht nur der/die Schreibende, sondern auch die/der Lesende – nicht nur in Bezug auf Rechtschreibung, sondern auch auf lautreines Lesen, klare Diktion und rezipientenbezogene Sprechgeschwindigkeit.
Darüber hinaus gehen die Jugendlichen auf zwei Texte genau ein: auf den Text, den sie diktieren, und den Text, den sie schreiben. Sie haben mit dem ausgegebenen Text, den der Banknachbar diktiert, eine sehr gute Kontrollmöglichkeit für ihr eigenes Diktat (s. ☞ Korrektur, Teil b).

Rechtschreibregeln

Rechtschreibregeln zu formulieren ist dann sehr sinnvoll, wenn sie induktiv entwickelt werden: Das heißt, man geht von Beispielen aus und nicht von der Regel.
So sollte man z. B. nicht mit dem Diktieren der Regeln eine Unterrichtseinheit zur Rechtschreibung beginnen. Die Regeln sollten immer erst am Ende einer Unterrichtssequenz notiert oder diktiert werden und die Jugendlichen können auch mit den gegebenen Beispielen noch arbeiten und die Regeln anwenden.

Schwierigkeitsgrad

Die hier abgedruckten Diktate enthalten immer wieder Teile aus früheren Rechtschreibsequenzen, sodass die Frage aufkommen könnte, ob sich die Schwierigkeiten nicht auf unnötige Art und Weise akkumulieren. Diese Bedenken wären bei einem Test durchaus angebracht, denn hier sollte man versuchen, sich weit gehend auf das zuvor Geübte zu beschränken. Es kann ansonsten sehr leicht Frustration aufkommen, wenn die Schülerinnen und Schüler den Eindruck gewinnen, ihre Note durch gezieltes Lernen nicht nachhaltig beeinflussen zu können.
Bei Übungsdiktaten liegt die Sache anders (was man den Schülerinnen und Schülern im Übrigen sagen sollte!), denn hier geht es nicht zuletzt auch darum, am Wortschatz zu arbeiten und früher Erarbeitetes systematisch zu wiederholen (s. dazu auch ☞ Fremdwörter).

Spiegeltext oder verfremdeter Text

Der Spiegeltext präsentiert den Diktattext in verfremdeter Form: Textpartien sind auf den Kopf gestellt.
Eine weitere Variante besteht darin, mit richtig gesetzten Buchstaben Wörter oder Sätze rückwärts zu schreiben. Auch lückenhaft ausgeführte Buchstaben sind möglich.
Didaktischer Hintergrund der Verfremdung ist die Überlegung, dass viele Fehler zu Stande kommen, weil die Lernenden sich nicht genügend konzentrieren. Mit verfremdeten Texten wird das genaue Hinsehen geübt. Selbst wenn ein Wort erraten wird, vergleichen die Jugendlichen es dennoch Buchstabe für Buchstabe mit der Vorlage.

Verbundener Deutschunterricht

Der „verbundene Deutschunterricht" versucht Teile verschiedener Lehrplanbereiche so miteinander zu verbinden, dass die Behandlung des einen gleichzeitig einen anderen Bereich vorbereitet, vertieft oder erweitert. So kann beispielsweise an einem literarischen Text die spezifische Funktion von Satzzeichen erläutert werden oder die Jugendlichen erhalten im Rahmen einer Unterrichtssequenz zur Rechtschreibung kreative Schreibaufgaben (s. dazu auch ☞ Gestaltendes Schreiben).

Wortschatz

Bei benoteten Tests wird i. d. R. die Schreibweise unbekannter Wörter vorgegeben. Bei unbenoteten Übungsdiktaten sollte man dies jedoch nicht tun, um aktive Wortschatzarbeit mit dem Erlernen der Rechtschreibung zu verbinden. Denn zahlreiche Rechtschreibprobleme sind nicht auf mangelhafte Regelkenntnis zurückzuführen, sondern auf einen zu kleinen Wortschatz der Jugendlichen.
Entscheidend ist nicht, dass sie unbekannte Wörter vielleicht falsch schreiben, sondern dass sie durch das Diktat diese Wörter in den passiven, vielleicht sogar in den aktiven Wortschatz aufnehmen. Es empfiehlt sich, ein Wörterheft anlegen zu lassen, in das nach und nach all jene Wörter eingetragen werden, die falsch geschrieben worden sind. Dieses Heft braucht nicht alphabetisch oder nach Wortarten sortiert zu sein. Eine andere Möglichkeit besteht darin, unbekannte Wörter mit Erläuterungen und verwandten Wörtern auf Karteikarten schreiben zu lassen. Eine weitere, noch übersichtlichere Lösung ist, für derartige Wörtersammlungen den PC einzusetzen.
Entsprechend können Wortfeldübungen gemacht werden, bei denen der Wortstamm vorgegeben wird und die Schülerinnen und Schüler Ableitungen bzw. Verästelungen suchen müssen. Auch das lässt sich etwa mit einem Mindmap-Programm am PC bewerkstelligen. In aller Regel macht dies den Schülerinnen und Schülern Freude und das „Vokabellernen" geht ganz wie von selbst (s. dazu auch ☞ Fremdwörter).